CASOS
NOTÁVEIS

DE UM GRUPO

MEDIÚNICO

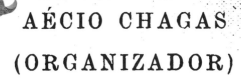

AÉCIO CHAGAS
(ORGANIZADOR)

CASOS NOTÁVEIS
DE UM GRUPO MEDIÚNICO

Clair Oliveira
Ismael Pereira Chagas
Manuel Carlos Toledo Filho

Lachâtre

© 2018 *by* Grupo Espírita Casa do Caminho

INSTITUTO LACHÂTRE
CAIXA POSTAL 164 – CEP 12.914-970 – BRAGANÇA PAULISTA – SP
TELEFONE: (11) 4063-5354
PÁGINA NA INTERNET: www.lachatre.org.br
EMAIL: editora@lachatre.org.br

1ª EDIÇÃO – NOVEMBRO DE 2018
DO 1º AO 1.500º EXEMPLAR

PROGRAMAÇÃO VISUAL DA CAPA E ABERTURA DOS CAPÍTULOS
FERNANDO CAMPOS

REVISÃO TEXTUAL
MARIA DO CARMO RIBEIRO LEAL SILVA

A reprodução parcial ou total desta obra, por qualquer meio,
somente será permitida com a autorização por escrito da Editora.
(Lei no 9.610 de 19.02.1998)

CIP-Brasil. Catalogação na fonte

Casos notáveis de um grupo mediúnico / Aécio
Chagas (organizador), 1ª edição, Bragança Paulista, SP:
Lachâtre, 2018.
160 p.
1.Espiritismo. 2.Reuniões mediúnicas. I.Título.

ISBN: 978-85-8291-073-3

CDD 133.9   CDU 133.7

Impresso no Brasil
Presita en Brazilo

Sumário

Prefácio, 9
Prólogo, 13

I. Introdução, 19
   Leis da matéria e leis do espírito, 19

II. Casos diversos, 23
   1. O matemático, 23
   2. O lobisomem, 24
   3. A ceguinha, 26
   4. Por quê?, 27
   5. O mascate, 28
   6. A noiva, 29
   7. O físico brilhante, 29
   8. O da metralhadora, 30
   9. O louco (I), 31
   10. O louco (II), 32
   11. O bandido e a vítima, 33
   12. Estrada de ferro Madeira-Mamoré, 34
   13. Doze quilos de cocaína, 35
   14. O exército, 36
   15. Malu, 37
   16. *Aconteceu na Casa Espírita*, 38

6 | CASOS NOTÁVEIS DE UM GRUPO MEDIÚNICO

17. O traficante, 39
18. O médium de curas, 42
19. Espírito encarnado × espírito desencarnado, 43
20. O feiticeiro, 44
21. Filho?, 45
22. Apelo de mãe, 46
23. Os 'amigos', 47
24. Orgulho, 48
25. Aprendizado, 49
26. Ação e reação, 50
27. O poço, 51
28. O cigarro, 53
29. O navio negreiro, 53
30. Tragédia tríplice, 54
31. Prisioneiros, 55
32. Com estes olhos, 56
33. Reconciliação, 57
34. A missão de mãe, 58
35. Esperanto no Japão, 58
36. *Saluk,* 60
37. O nobre egípcio, 61
38. Do alto comando, 63
39. Efigênia, 64
40. Vampirização? Obsessão?, 65
41. De um mundo longínquo, 65
42. Lembranças fatídicas, 67
43. Os cães farejadores, 68
44. Irmãos, 69
45. O martelo,70
46. Canhoé, 71
47. A lanterna, 71

SUMÁRIO | 7

48. Osvaldo, 72
49. O 'padre', 73
50. O gladiador, 73
51. Distanásia, 74
52. O general, 74
53. O prisioneiro, 77
54. Olavo, 78
55. O soldado, 79
56. Mais soldados, 79
57. O crucifixo, 82

III. Casos da 'emergência', 85
   Contexto geral, 85
   O método de trabalho, 86
   A equipe, 87
   A narrativa, 88
58. O mergulhador, 89
59. Os visigodos, 96
60. A sacerdotisa, 105
61. O carcereiro, 110
62. A ladra, 114
63. O carrasco, 118
64. A mucama, 125
65. O escravo e o fazendeiro, 130
66. A camarilha, 133
   A sondagem, 134
   O desafio, 135
   Os rivais, 139
   A desarticulação, 140

IV. Um caso de incêndio, 143

Prefácio

Senti-me extremamente honrada e feliz quando fui convidada pelo Professor Aécio Pereira Chagas, para escrever o prefácio deste livro. Independentemente de ser a atual presidente do Grupo Espírita Casa do Caminho, faço parte da história dessa instituição. Meu avô, Nestor Mendes da Rocha, foi o fundador e por muitos anos meu pai, Nedyr Mendes da Rocha, dirigiu a Casa do Caminho.

Desde o ano 2.000, junto a uma equipe competente e eficiente de companheiros da doutrina, formamos uma linda família. Dela faz parte o professor Aécio, cuja presença marcante nos inspira segurança e nos estimula ao estudo sério e fiel do espiritismo. Trata-se, pois, de um trabalhador de suma importância para nosso grupo.

Este livro, organizado por ele, oferece ao leitor relatos de comunicações mediúnicas por meio de diálogos entre a pessoa desencarnada e a pessoa encarnada, de forma serena e fluida como deve ser uma conversa entre os que desejam chegar a um objetivo comum. Casos notáveis foram selecionados a partir de sessões de desobsessão e estão narrados de forma objetiva. São registros que abrem perspectivas para histórias que continuam além da vida física. Além disso, destacam a

10 | Casos Notáveis de um Grupo Mediúnico

importância de o dialogador desenvolver a escuta para que a conversa possa prosseguir. Os fatos relatados com detalhes nos revelam a multidimensionalidade da vida.

Tais casos contados em linguagem clara e fluente colaboram para a desmistificação da sombria sala de intercâmbio que suscita indagações como:

- o que será que realmente acontece nessa sala?
- que histórias os espíritos trazem?
- como são conduzidas?

Este livro responde às dúvidas de curiosos, quando nos presenteia com um documentário dos fatos do 'mundo de lá'. Atende também às necessidades dos que já conhecem a dinâmica da sala mediúnica e desejam estudar o fenômeno com as observações oferecidas em alguns casos. É, ainda, importante material para os interessados conhecerem melhor as comunicações dos espíritos, bem como para os que desejam aprofundar pesquisas nessa área.

Recomendo essa leitura apaixonante que envolve e deixa o mundo espiritual muito mais próximo do nosso dia a dia. Interessante também seria aproveitar os relatos para o estudo em grupo e aprofundar a discussão sobre ele, valendo-se das diversas referências bibliográficas citadas.

Os companheiros que escolheram alguns casos notáveis para redigir os capítulos e a organização primorosa do material, realizada pelo professor Aécio, merecem nosso reconhecimento e gratidão. Eles compõem uma

PREFÁCIO | 11

bela obra que muito contribui para a divulgação da nossa doutrina.

Nós, do Grupo Espírita Casa do Caminho, nos sentimos felizes por oferecer o resultado desse trabalho para a comunidade espírita e para os interessados no tema do diálogo com os espíritos. Convido o leitor a entrar nessa viagem fantástica em que os espíritos se mostram e são tratados como 'gente como a gente'.

Boa leitura.

Leila Mendes da Rocha

Prólogo

"... algumas respostas, muitas perguntas..."

Falando das reuniões de intercâmbio com os desencarnados, Suely Caldas Schubert afirma o seguinte:
Para os encarnados tais reuniões são de extrema utilidade, pois ali não somente colhem ensinamentos, mas, sobretudo, exemplificações, lições vivas que nos marcam profundamente e nos acordam para nossas crescentes responsabilidades, ao mesmo tempo em que nos identificamos com os dramas descritos pelos comunicantes, sentindo que eles são nossos irmãos em humanidade e que as suas dores são também nossas. (Dimensão Espiritual do Centro Espírita, p. 126. O livro dos médiuns, p. 406, Cap. 27, §303)
Geralmente, essas reuniões são denominadas de *desobsessão*. Entretanto, acharíamos mais interessante chamá-las de *atendimento fraterno aos desencarnados*, por analogia com as dos encarnados, pois a maioria dos espíritos não pode ser considerada obsessores. Mesmo assim, vale lembrar o título de um artigo de Hermínio de Miranda: "Obsessores, gente como a gente"[1] (*A Reencarnação*, outubro/92, p.33, Ed. FERGS).

---

[1] Em 2018, o Instituto Lachâtre publicou o texto mencionado na forma de livro, intitulado *Os obsessores, gente como a gente*, de au-

14 | Casos Notáveis de um Grupo Mediúnico

A análise de casos é fundamental para o estudo e a compreensão da Doutrina Espírita, como se pode observar nas obras básicas, principalmente em *O céu e o inferno*. Nesse livro, Kardec ilustra a *Lei de causa e efeito* através das comunicações dos espíritos desencarnados. Há ,na literatura espírita, diversas obras com esse mesmo propósito, das quais destacamos: *Reencarnação e vida*, de Amália Domingos Soler, *Diálogo com as sombras* e a série *Histórias que os espíritos contaram*, de Hermínio C. de Miranda, e o recente *O observador*, de Jader Sampaio, dentre outras. Os casos selecionados, ocorridos em reuniões mediúnicas no Grupo Espírita Casa do Caminho, foram para nós **notáveis**, trazendo uma lição, algumas respostas, muitas perguntas, emoções... Foram anotados depois das reuniões, apenas com o intuito de não serem esquecidos, daí sua forma 'internética' (antigamente dizia-se 'telegráfica'). Suprimiram-se datas e nomes de médiuns, exceto em algumas situações em que a supressão poderia acarretar incompreensão do caso e aí utilizamos um pseudônimo. O narrador e o doutrinador (facilitador ou dialogador) não são sempre a mesma pessoa.

O texto está dividido em cinco partes:

- Prólogo, (A. P. C. e C. O),
- Cap. 1 – Introdução (A. P. C.),
- Cap. 2 – Casos diversos (A. P. C. e I. P. C.),
- Cap. 3 – Casos da 'emergência' (M. C. T.),
- Cap. 4 – Um caso de Incêndio (A. P. C.)

---

toria divida entre Hermínio C. Miranda e Pedro Camilo (Nota da editora).

PRÓLOGO | 15

As iniciais entre parênteses indicam os responsáveis pela redação.

O Grupo Espírita Casa do Caminho (GECC), de Campinas (SP), foi fundado em 25 de dezembro de 1961 e anteriormente era denominado Grupo Espírita Irmã Josepha. Conta atualmente com cerca de 120 (cento e vinte) trabalhadores, responsáveis pelo desenvolvimento de todos os trabalhos da Casa. Durante o ano de 2014, foram atendidos aproximadamente 13.777 (treze mil, setecentos e setenta e sete) encarnados e 4.011 (quatro mil e onze) desencarnados nos trabalhos mediúnicos internos da Casa do Caminho, além de 220 (duzentas e vinte) palestras abertas ao público, de domingo a quinta feira. Na sexta feira, há O Grupo de Estudos da Doutrina Espírita (GEDE), com cerca de cinquenta estudantes por semestre, distribuídos nos cinco módulos (ver cap. 2, caso 25); no 3º sábado do mês, há a 'Peregrinação', atendimento de dezenove famílias (cento e setenta e uma pessoas) cujas crianças frequentam *A Casa da Criança Meimei*, entidade irmã do GECC que mantém creche com educação infantil gratuita para crianças de 3 meses a 6 anos incompletos. Dos trabalhos internos do GECC, destacam-se ainda atividades de *Emergência Espiritual* – casos de obsessão (ver Cap. 3); *Atendimento de Cura* – auxílio à cura de doenças do corpo físico; *Ectoplasmia* – liberação controlada de ectoplasma; *Passes* – passes individuais realizados durante as palestras; passes coletivos no grupo Meimei; *Entrevistas* – atendimento e orientação aos encarnados; *Intercâmbio* – atendimento fraterno aos desencarnados e *Evangelização* infanto-juvenil, às quartas-feiras e domingos.

16 | Casos Notáveis de um Grupo Mediúnico

O GECC teve início com trabalhos de desobsessão e estudos e, logo em seguida, os de efeitos físicos e os de materialização. No livro *O fotógrafo dos Espíritos*, de Nedyr Mendes da Rocha, um dos fundadores do GECC, (Editora EME, 2011), narram-se as dificuldades desse início: "Devido ao grande número de médiuns naturais, e aos dirigentes sem muita experiência, as manifestações dos espíritos eram muito barulhentas, soltas, deseducadas. E, por serem assim, espíritos obsessores e outro tanto de espíritos ignorantes e sofredores, promoviam verdadeira algazarra, acompanhada de efeitos físicos".

Nossos agradecimentos aos companheiros de jornada
Antônio Miranda Lopes Filho (1938-2014) e
Nivaldo Baccan (1947-2014) pelas ideias e sugestões.

I. Introdução

Nossa evolução é pautada por leis divinas. Com o advento da Doutrina Espírita, estamos agora começando a vislumbrá-las nos horizontes de nossos conhecimentos. Uma dessas leis é conhecida como *Lei de causa e efeito*, também chamada *Lei de ação e reação*. O nome de *Lei do karma* (ou carma), proveniente da tradição indiana, é às vezes encontrado também na literatura espírita. A seguir, algumas considerações sobre a Lei de causa e efeito.

LEIS DA MATÉRIA E LEIS DO ESPÍRITO

> *"Dai a César o que é de César e a Deus o que é de Deus".*
> (Mateus 22,21; Marcos 12,17).

A matéria tem suas próprias leis. Algumas delas, talvez as mais importantes, são leis de conservação ou de equivalência: "na natureza nada se cria, nada se perde, porém tudo se transforma" (conservação da massa, da energia, da quantidade de movimento etc.). Para cada coisa que 'desaparece', outra é 'criada' a partir dela e que lhe é equivalente. Esse fluir, esse movimento sem cessar

20 | Casos Notáveis de um Grupo Mediúnico

também se conserva. É uma forma de movimento transformando-se em outra, equivalendo-se, conservando-se, portanto. Essas leis de conservação ou equivalência são faces diferentes de uma só.

Não queremos falar propriamente de ciência, mas realçar apenas o que vemos, sentimos, vivenciamos. Nós, espíritos 'jovens', ou seja, espíritos ainda no começo de sua caminhada evolutiva, somos 'mergulhados' na matéria para aprendermos a controlá-la e não sermos controlados por ela. Conforme a resposta dos espíritos à questão 22A de *O livro dos espíritos*, "é o instrumento de que este [o espírito] se serve e sobre o qual, ao mesmo tempo, exerce sua ação". Entretanto, em nossa juventude espiritual, nós nos empolgamos, nos conformamos às leis da matéria. Somos seduzidos por ela e, consequentemente, por suas leis. Daí o apego que muitos de nós temos por elas: "toma lá, dá cá", "tudo tem seu preço", "olho por olho, dente por dente". Todas essas regras são de equivalência, de conservação, nada sobrando e nada faltando.

Nós temos que desenvolver e intelectualizar a matéria e, ao mesmo tempo, nos desapegarmos dela. Por isso que o Mestre disse: "Dai a César o que é de César e a Deus o que é de Deus" (Mateus 22, 21; Marcos 12, 17). Temos que nos guiar pela Lei do Amor, que é diferente da lei da matéria. Esta última é simétrica.

A Lei do Amor não é uma lei de conservação ou equivalência (aditiva), mas multiplicativa, pois por um pouco de amor que se dá, por um pouco de bem que se faz, recebe-se muito mais de volta.

É por isto que, quando estamos apegados à matéria, a lei de causa e efeito funciona assim: "toma lá, dá cá",

INTRODUÇÃO | 21

"tudo tem seu preço", "olho por olho, dente, por dente". O que fazemos, recebemos em troca por igual. É só começarmos a amar que o efeito multiplicativo começa a se manifestar.

É como a história que Hilário Silva (espírito) nos conta em "O merecimento", capítulo do livro *A vida escreve*, escrito em parceria mediúnica por Francisco C. Xavier e Waldo Vieira. Era para perder o braço, mas perdeu apenas um dedo.

Outros expressam a Lei de Amor de forma diferente, dizendo que "o amor não segue as regras da matemática, pois quanto mais o dividimos, mais ele se multiplica". É assimétrica.

Lembremos as palavras do apóstolo: "o amor cobre a multidão de pecados" (I Pedro, 4, 8).

Reflitamos sobre isso...

Como passamos do 'reino da matéria' para o 'reino do amor'? Fazendo ao próximo o que gostaríamos que ele nos fizesse.

II. Casos Diversos

1. O Matemático

Como sou um entusiasta pela história das ciências, fui ler o livro de Simon Singh, *O último teorema de Fermat* (ed. Record, 1998), que narra a epopeia do matemático americano Andrew Wiles para demonstrar esse teorema enunciado no século XVII. Várias vezes tive vontade de desistir da leitura, pois achava o texto enfadonho (houve inclusive, no meio da história, o suicídio de um matemático japonês e de sua noiva), porém consegui ir até o fim.

Alguns meses depois, comparece a uma de nossas reuniões mediúnicas, através de uma médium psicofônica, um espírito que chegou protestando por ter sido tirado de sua biblioteca, onde estava estudando. Dizia-se matemático, professor na França durante a segunda metade do século XIX. Tivemos uma conversa longa, pois não arredava o pé de sua da biblioteca. Falei dos progressos havidos de sua época para cá, mas ele não se interessou muito. Perguntei-lhe se havia conhecido o Prof. Rivail ou Allan Kardec e ele respondeu: "Ah sim! Lembro-me dele. Aquele camarada era louco!" (isto dá uma ideia de como Kardec era visto por parte da inte-

23

24 | Casos Notáveis de um Grupo Mediúnico

lectualidade francesa.[2] Queixou-se da médium que era "lenta" e não era capaz de expressar certas ideias (ainda bem! Caso contrário, não poderíamos conversar). Mas ele estava irredutível, não queria sair da biblioteca. Veio então a ideia de lhe perguntar: "Você já ouviu falar no Teorema de Fermat?". E ele, de imediato: "Claro! Quantos não se mataram por causa disto!". Aí disse a ele que o dito teorema havia sido recentemente demonstrado e isso mexeu com ele. Falei ainda de outros progressos da Matemática no século XX (que havia lido no livro) e ele ficou entusiasmado e concordou em sair de sua biblioteca, acompanhando os mentores.

Compreendi, então, porque havia lido *O último teorema de Fermat*.

É possível que houvesse algum espírito com certa elevação bem ligado ao Matemático, como Gregório e Matilde no livro *Libertação*, de André Luiz.

2. O Lobisomem

No GECC, compareceu um casal para entrevista (auxilio fraterno aos encarnados) que dizia haver em sua casa uma "atmosfera pesada", muito mal-estar. A certa altura, o marido disse ao entrevistador: "Para você ter uma ideia, nosso cachorro, um doberman, chega a ter convulsões. Ele olha para um canto, abaixa o rabo e as orelhas, gane, cai no chão e entra em convulsão. O veterinário tem dado medicamento 'de gente grande'". A

---

[2] Ver o livro *Em torno de Rivail – o mundo em que viveu Allan Kardec*, autores diversos, publicado pelo Instituto Lachâtre.

conversa continuou e disseram que tudo começou após a visita de uns amigos que faziam rituais estranhos. Disseram mais coisas, depois assistiram à palestra no salão do GECC, tomaram passe e se foram. Logo a seguir, na reunião de intercâmbio espiritual (auxílio fraterno aos desencarnados), manifestou-se um espírito, através de um médium que, sentado, dobrou seu corpo e grunhiu, apenas. Isso por uns cinco minutos. Foi ministrado um passe no espírito. Após a entidade ter sido levada, incorporou-se no mesmo médium, que não estava bem, um espírito-guia que o ajudou no reequilíbrio e disse: "esse irmãozinho está necessitando de muita ajuda". Agradeceu e o médium se normalizou. Nessa época, o médium trabalhava duas vezes por semana nesse tipo de reunião e, durante um mês, o 'irmãozinho' e o espírito-guia compareceram às reuniões, sempre do mesmo jeito. Na primeira vez, perguntei ao médium se havia 'visto' a entidade e ele disse que parecia um monstro, um cachorro, meio urso, peludo. Eu disse: "Um lobisomem". "Isso", retrucou o médium, continuando: "Nunca vi um lobisomem, mas deve ser algo parecido". "Eu também nunca vi", disse-lhe, "mas acho também que deve ser algo parecido".

Na reunião em que compareceu pela última vez, ele não se curvou tanto, grunhiu pouco e, após o passe, começou a chorar. Ficou chorando por algum tampo e se foi. O espírito-guia agradeceu aos presentes a ajuda dada ao espírito e disse que ele agora seria encaminhado a outro lugar e finalizou, dizendo: "Ele agora está bem melhor, já está conseguindo chorar".

26 | Casos Notáveis de um Grupo Mediúnico

Como o cachorro percebia o espírito? Ele 'via' como a mula de Balaão, conforme narra o *Velho Testamento* (Números, 22), ou sentia os fluidos e daí entrava em convulsão?

Nunca mais tivemos notícia do casal.

3. A Ceguinha

O espírito, através da médium sorridente, perguntou: "Estou bonitinha?". Não sabia o que responder, pois não tenho vidência. Então perguntei: "Como assim?". Ela respondeu: "Mamãe quer que eu fique sempre bonitinha, bem arrumadinha". Eu disse: "Mas você não está se vendo?". E ela: "Não, pois sou ceguinha".

O tom de voz era de uma adolescente (a médium era uma senhora). Disse então que iríamos ajudá-la. Aplicamos um passe, ela tomou água, oferecida por um espírito da equipe (ela disse que a água estava fresquinha) e eu então lhe perguntei: "Você viu quem lhe deu a água?". "Não posso ver", disse ela. "Abra os olhos, faça um esforço", disse eu. E ela: "Ah! Estou vendo uma luz. Estou vendo um moço na minha frente! É **como nos sonhos!**".

Expliquei então que quem não via eram seus olhos de carne, mas agora estava liberta deles. Ela entendeu e foi levada, toda contente.

Muito interessante esta questão das percepções e dos órgãos correspondentes (ver *O evangelho segundo o Espiritismo*, cap. VIII, § 20 e 21).

4. Por Quê?

Durante a meia hora de estudos que antecedeu o trabalho mediúnico de auxílio aos espíritos necessitados, discutiu-se sobre o porquê de nosso trabalho: seria para atender aos desencarnados? Seria para exercitarmos a caridade? Seria para nosso aprendizado? Seria para atender àqueles que estavam no salão ouvindo a preleção e que depois iriam receber o passe? E nos lugares onde não havia esse tipo de reunião, como na Europa?

Pareceu-nos que todos os motivos levantados seriam válidos, mas qual o mais importante?

O trabalho mediúnico teve início e a primeira comunicação foi de um espírito que veio responder a algumas dúvidas surgidas durante a discussão (a médium era uma dos que mais havia questionado), afirmando: "O trabalho existe, primeiramente, para o nosso aprendizado, pois o plano espiritual tem outros recursos para atender os necessitados". O espírito se manifestou com um forte sotaque francês, língua em que a médium não era fluente.

Interessante essa sutil complementação através do sotaque. Na Europa, não há essa abundância de reuniões mediúnicas como no Brasil e os necessitados devem também ser atendidos pela espiritualidade maior.

Veja-se, a propósito, *O livro dos médiuns*, Allan Kardec, cap. XXVII, item 303, 1ª, ed. FEB.

28 | Casos Notáveis de um Grupo Mediúnico

5. O Mascate

O espírito veio meio aturdido. Precisou de algum tempo para poder falar direito. Informou-nos que era um mascate que havia sido morto por assaltantes na estrada entre Campinas e a fazenda do Barão Geraldo de Rezende.

Um parêntese: um trecho dessa estrada ainda existe hoje dentro da fazenda Santa Elisa, de propriedade do Instituto Agronômico de Campinas. Nesse trecho, ela é toda ladeada por moitas de bambus, formando um túnel. Conta-se que os bambus foram plantados a mando do barão Geraldo de Rezende, então proprietário da fazenda, na época do império.

O espírito disse que ia à fazenda com certa frequência, pois a baronesa era sua freguesa. Após a prece que fizemos com ele, começou a perceber melhor as coisas e reconheceu, entre os espíritos presentes, 'mãe Benedita', que fora escrava da baronesa e sempre o recebia e tratava-o bem. Foi encaminhado, a seguir.

'Mãe Benedita' fazia parte da equipe espiritual, preparava e servia, "como uma mãe", sopa, café, suco etc., destinados aos espíritos necessitados. Não sabíamos nada do passado dela até essa comunicação.

É interessante observar a distância no tempo (esse evento deve ter acontecido nas últimas décadas do século XIX) e a proximidade dos fatos: o leito da antiga estrada está a uns quinhentos metros do GECC.

6. A Noiva

Inicialmente, o espírito pergunta o que estávamos fazendo em seu quarto e, com jeito, fomos fazendo algumas perguntas. Ficamos então sabendo que ela – o espírito – estava em seu quarto, olhando pela janela, à espera de seu noivo que prometeu vir buscá-la. Por alguns detalhes, isso devia ter ocorrido há muito tempo. Ela se recusava a sair do quarto. Após a prece, ela exclama: "É ele!". Ela vê seu noivo chegando e diz que veio buscá-la. E ela se vai com ele.

Quanto tempo ficou este espírito preso ao quarto que ela mesma 'construiu' a espera do noivo?

Veja-se, a propósito do assunto, o livro *Nos Domínios da Mediunidade*, André Luiz, psicografia de F. C. Xavier, Ed. FEB, Cap. 26, *Psicometria* ("A moça do espelho").

7. O Físico Brilhante

O espírito inicialmente mostrou-se bastante perturbado, porém foi se acalmando e contou sua caminhada: físico brilhante, professor em Harvard (famosa universidade americana), materialista convicto, zombando de Deus e dos que nele acreditavam. Sempre só, não se casou. Deprimido, matou-se nos anos 1960 (há 44 anos, aproximadamente). No plano espiritual, foi agarrado por espíritos das trevas que o obrigavam a calcular, a calcular sem parar, sem saber o que eram e para que serviam esses cálculos. Não o deixavam parar. Disse que conseguiu escapar e cá estava, conversando.

30 | CASOS NOTÁVEIS DE UM GRUPO MEDIÚNICO

Perguntamos se ele amou alguém. Ele ficou pensativo e disse que não. "Acho que não amei nem a mim mesmo!".

Depois da prece, foi levado para tratamento.

Haveria alguma semelhança com o caso 1 (O Matemático)?

8. O DA METRALHADORA

Chegou perguntando onde estava sua metralhadora, que lhe fora tirada. Precisava tê-la sempre à mão. Perguntei para quê. "Para matar aqueles que me aborrecem". "Por que fazia isso?", perguntei-lhe novamente. "Porque sou assim. É o meu trabalho". A frieza do irmão era de assustar. Convidei-o para fazer uma prece conosco. Após a prece, perguntei se via alguém conhecido e ele disse que via sua mãe, acrescentando: "Eu não devia estar no inferno, pelo que fiz?". Silêncio. "Minha mãe está dizendo que eu não odiava. De fato, eu fazia tudo isso, mas não tinha raiva de ninguém". A seguir, foi levado.

Foi um exemplo interessante de algo que já tínhamos lido, porém relutávamos em aceitar. No poema épico da Índia clássica, *Mahabarata*, o príncipe Arjuna está diante de uma situação difícil: seu trono fora usurpado pelos seus parentes e ele estava à frente de seu exército para enfrentar o exército inimigo. O condutor de seu carro de combate, Krishina, diz que ele deve cumprir sua obrigação de soldado, mas não deve ter ódio em seu coração.

Seria isso mesmo?

CASOS DIVERSOS | 31

9. O Louco (I)

No início da reunião, pediu-se pelas pessoas, ainda em tratamento, remanescentes de um hospital psiquiátrico. Esses pacientes não estavam mais no hospital, mas alocados em casas comuns, para disporem de uma vida comum. Vieram vários irmãos desencarnados no hospital e que, possivelmente, ainda estavam lá. Um deles, com quem conversamos, após perceber que estava entre amigos que queriam ajudá-lo, contou seu drama: adolescente ainda, via-se envolto por entidades maléficas que o maltratavam e o forçavam a cometer atos desatinados. Bateu na irmã, depois bateu na mãe e esta resolveu interná-lo no hospital psiquiátrico. Lá, continuou tendo acessos de violência, sendo muitas vezes amarrado e colocado no isolamento. Numa pausa de sua fala, foi-lhe oferecida água (do 'lado de lá') e ele inicialmente recusou tomá-la, desconfiado de que contivesse algum remédio (dos a que estava acostumado). Perguntei-lhe qual o problema dos remédios (possivelmente tranquilizantes) e ele disse que quando os tomava, percebia melhor as entidades que o maltratavam e seu sofrimento era maior. Quando estava 'mais acordado', quase não os via e nem os ouvia. Dissemos-lhe que o que havia na água era diferente daqueles medicamentos e, desde que aqui chegara, não via mais aquelas entidades. Reconheceu que era verdade e resolveu tomar a água. Logo depois, foi levado para continuar o tratamento.

Interessante a lição: ele era um médium desequilibrado e a terapia utilizada fazia com que seu espírito

32 | Casos Notáveis de um Grupo Mediúnico

se afastasse mais do corpo, o que facilitava a ação dos obsessores. Talvez, no nosso entendimento, o tratamento mais adequado não seria com tranquilizantes, mas laborterapia, que o manteria acordado e com a mente ocupada, além de um tratamento de desobsessão.

O que os psiquiatras espíritas têm a dizer?

10. O Louco (II)

A comunicação iniciou-se meio confusa. A entidade dizia que não devia cá estar, que não era louco e que logo seus quatro irmãos viriam buscá-lo. Discordava do que lhe diziam ter: "desvio de comportamento". Reclamava dos exames a que foi submetido. Após um passe para acalmá-lo, nos disse que tinha uma história escrita, que já não sabia se era verdadeira ou fruto da imaginação e se era com ele ou não, mas que estava escrita em um caderno que dizia portar. Perguntou se queria que lesse a história. Dissemos (com relutância, vejam só!) que sim. O relato foi breve: acabara de chegar à casa e tinha uma faca na bolsa. Queria ver se a faca era boa e a experimentou nos quatro irmãos (a médium nos informou, depois, que durante a leitura, as letras do texto iam como que entrando na cabeça do comunicante e, ao terminá-la, o caderno desapareceu). Após a narrativa, nosso amigo ficou um pouco relutante em falar alguma coisa, depois disse: "Eu matei meus irmãos porque minha mãe só dava atenção a eles. Eu queria que ela desse atenção só a mim". Outro instante de relutância e torna a dizer: "O médico que está aqui comigo e que pediu

CASOS DIVERSOS | 33

para ler a história quer me levar e pede para que eu deixe a faca". Perguntei onde estava a faca. Ele respondeu: "No meu bolso". Disse-lhe que uma faca no bolso era perigosa, pois poderia se machucar. Disse então: "Eu já me machuquei na barriga" (a médium disse depois que sentiu um buraco na barriga). Ele, continuando: "Vou deixar a faca e vou com ele" (o médico espiritual que o acompanhava). A fala pausada do irmão aumentou mais ainda a dramaticidade do diálogo. Seria uma espécie de fuga dizer se a história era verdadeira ou fruto da imaginação? Teria sido engendrada ainda na carne ou no plano espiritual? Ele estava sozinho? Há quanto tempo ocorreram esses fatos?

11. O Bandido e a Vítima

Foi difícil, inicialmente, entender o que se passava, pois o comunicante falava conosco, através do médium, e com mais alguém que parecia estar à sua frente (outra entidade espiritual). Dizia que não ia pedir perdão. "Por que você me trouxe aqui?!". Sentia-se como vítima, pois acabou dizendo que fora baleado pela polícia. Confuso entre o que era "a vida e a morte", rebelde, não queria conversa. Oramos e ele e se acalmou. Dissemos que nada acontece por acaso, talvez o fato de morrer dessa forma se devesse a alguma coisa do passado. Ele de início quis negar, mas parece que viu o passado e o presente ao mesmo tempo. Viu, "lá fora" (referindo-se ao lado de fora do prédio do GECC), dois desafetos que

34 | Casos Notáveis de um Grupo Mediúnico

o aguardavam e que, certamente, tinham-no visto em sua regressão ao passado. Com isto, aquietou-se e concordou em ser levado para as colônias espirituais, para tratamento.

Depois da comunicação, o médium nos esclareceu: a entidade que o havia trazido e a quem nosso comunicante não queria pedir perdão, fora sua vítima no assalto que praticara. A 'vítima' teve condição de conduzir seu assassino, depois de morto, à nossa casa, para ser atendido e não ficar à mercê de seus antigos desafetos.

Perguntei-me se seria capaz de fazer o que 'a vítima fez... E você, seria?

12. Estrada de Ferro Madeira-Mamoré

A entidade espiritual iniciou sua fala queixando-se de dores e de febre. Após tomar água e já podendo falar melhor, perguntamos o porquê da febre. Era maleita. Disse que trabalhava na construção da estrada de ferro. Isso aguçou nossa curiosidade e perguntamos qual. Ele disse: "Madeira-Mamoré". Lembrei-me vagamente desse triste episódio de nossa história. Ele perguntou pela estrada e dissemos que tinha dado em nada. Ele: "Quantas vidas inúteis, quantos corpos abandonados no mato, sem uma sepultura digna...". Parou um pouco e continuou: "Pelo menos estavam em contacto com a natureza e não em um lugar lúgubre como um cemitério".

A construção dessa estrada ocorreu no início do século XX, em plena floresta amazônica. Fazia 100 anos e o evento foi lembrado pela grande imprensa.

Continuamos o dialogo. Novamente minha curiosidade fez-me perguntar se ele já tinha tido outra vida depois daquela. Ele respondeu: "Sim, e morri jovem. Era ajudante de maquinista. Isto foi para quebrar meu ódio por estradas de ferro. Eu adorava minha locomotiva!". Disse a ele que nada acontece por acaso, tudo tem sua razão de ser e ele disse: "Sei disso, fiz muita gente trabalhar por nada. Por isso que passei por essa experiência". Fizemos uma prece juntos e ele foi levado.

13. DOZE QUILOS DE COCAÍNA

"Eram doze quilos de cocaína, de boa qualidade", começou falando o espírito. "Eles queriam que eu dissesse onde eu a havia escondido, mas não dizia. Começaram a quebrar meus dedos. Quebrar, não, esmagar com um martelo. Quando é só quebrar, dá-se um jeito depois. Esmagar, não. Esmagaram todos os dedos da mão. Aí, começaram eles a se desentender: uns queriam continuar me quebrando, outros queriam me matar. Comecei até a achar divertido. Resolveram continuar e me quebraram um braço. Eu firme. Voltaram a se desentender e ai um deles deu-me um tiro na cabeça. Aí não deu. Fiquei algum tempo junto deles, mas logo se dispersaram. A cocaína estava lá onde deixei, bem escondida. Procurei uns viciados, dois, e fiquei junto deles. Logo depois de um ano ou dois, eles morreram e não tinha quem viesse me ajudar. É estranho que logo depois que morriam, puf!, sumiam. Continuei por aí até que aqui cheguei... Eram doze quilos, da boa".

36 | Casos Notáveis de um Grupo Mediúnico

Não sabíamos por onde começar a conversa. Tentamos convencê-lo de que se desapegasse da 'mercadoria', porém ele relutava. Falamos de que nada acontecia por acaso e tudo tinha uma razão de ser, inclusive nas vidas passadas. "É, esta última não foi fácil", disse ele. Falamos mais um pouco e no fim ele considerou o tempo (cerca de vinte anos) entre o esconder a droga e aquele momento: "É possível que já tenha se estragado... já vi que não tem jeito, vou acompanhar estes que estão aqui (os trabalhadores espirituais)". E se foi.

Foi –nos esclarecido, depois, que os espíritos que "sumiam", logo após a morte, eram espíritos que foram retirados da 'vista' de nosso amigo e levados para outro lugar.

Pela sessão de tortura, a droga deveria valer muito para eles.

14. O Exército

Naquela noite, haviam já se comunicado vários espíritos de guerreiros de várias épocas (faziam referências às armas, cavalos etc.). Quase no final da reunião, apresenta-se um oficial alemão nazista (2ª Guerra), tremendamente orgulhoso de sua superioridade racial. Os argumentos de que 'raça' está associada ao corpo físico e que o espírito pode reencarnar em diversas raças não o convenceram. A referência à Lei de Causa e Efeito também não o tocou.

No médium ao lado, 'incorpora' um 'preto velho', já nosso conhecido, que nos pede licença e dirige-se ao oficial nazista, que não quis conversa. O 'preto velho', então, muda o tom de voz e mexe com o orgulho do militar: "Você na verdade não é nada, veja como você está! Sujo, maltrapilho, barbudo. Como vai se apresentar assim ao seu superior?!". O oficial reconheceu-se naquele estado e ficou assustado. Aí, o 'preto velho' o envolveu amorosamente e o levou.

Confesso que quando o 'preto velho' mudou seu tom de voz, fiquei também assustado por outra razão: fiz alguma coisa errada? Ele, para ser ouvido, apelou para a 'qualidade' que o oficial tinha em excesso: *orgulho*.

Ao finalizar a reunião, um dos médiuns teve a vidência de uma planície com um exército ali estacionado, "com mais de mil pessoas". Esse atendimento coletivo teria sido facilitado pelo fato de os espíritos terem, em comum, a disciplina militar?

15. Malu

Malu é uma das médiuns que trabalham em nossas reuniões. Foi inicialmente difícil entender a comunicação, pois o espírito dizia que não queria "voltar" e que respeitassem seu livre arbítrio. "Já me fizeram voltar com ela e eu me recusei e fugi. Como me acharam? Foram duas vezes que fugi". A princípio, não atinávamos que 'ela' era a própria médium. Após um longo diálogo, em que o espírito foi reclamando e contando suas mazelas, ele se acalmou e foi levado pelos mensageiros do Alto.

A médium ficou bastante emocionada e então lembrou de que, há mais de 30 anos, ficou grávida e abortou

38 | Casos Notáveis de um Grupo Mediúnico

naturalmente duas vezes e o mal-estar que ela sentiu durante a comunicação era, em tudo, igual ao que sentiu durante essas duas gestações frustradas. Depois desses abortos, ela teve duas filhas.

16. Aconteceu na Casa Espírita

Aconteceu na casa espírita é o título de um livro do espírito Nora, psicografado por Emmanuel Cristiano (Ed. CEAK), que narra o assédio de espíritos pouco esclarecidos a um centro espírita.

O espírito comunicante chegou dizendo (de um jeito meio ingênuo) que fazia parte de um grupo que procurava influenciar casas espíritas para não lerem a obra acima. "Por isto estou aqui. Já percorri várias salas e em algumas não pude entrar". O doutrinador perguntou o porquê e ele disse que era a ordem que receberam. O doutrinador falou que não havia lido o livro, mas agora, com a curiosidade despertada, assim como a de outros presentes, iria lê-lo. O comunicante não gostou e disse que seus companheiros também não gostaram. "Por isso estavam batendo no portão e gritando". Disse ainda que estava com medo de voltar, pois iria sofrer represálias dos companheiros, e exclamou: "Puxa, que burrada que eu fiz!". O doutrinador falou que, no fundo, ele era uma boa pessoa, pois até deu a dica do livro e que poderia fazer coisa melhor. "O quê?", perguntou. "Ajudar o próximo", respondeu o doutrinador. "Como?". O doutrinador falou-lhe que, como ele havia nos ajudado, poderia conhecer um local onde não havia podido entrar: a enfermaria. Lá, ele poderia observar e até trabalhar. "Não quero trabalhar. Só quero ver!". O dirigente da reunião pede licença a ambos e pergunta ao espírito que se comunicava: "Meu amigo, você leu o livro *Aconteceu na Casa Espírita?*". "Não, nosso objetivo era fazer com que os outros não lessem, porque nos diziam que o livro era perigoso, mas... espere aí!". Pareceu que ficou imerso em seus pensamentos. O doutrinador retomou a palavra e falou ao comunicante que ele poderia ir e ele disse: "Aquele que está ao meu lado [referindo-se a um dos trabalhadores espirituais que o auxiliava na comunicação] falou que eu poderia fazer duas coisas: ajudar a vigiar os doentes, tarefa fácil, pois estão dormindo e, ao mesmo tempo, ler o livro". Disse ainda que não poderia mesmo retornar ao antigo grupo e pediu que o protegessem.

Assim, ele se foi.

Dos presentes à reunião, metade não havia lido o livro e se mostraram interessados em lê-lo. E assim o fizeram.

E você, caro leitor, já leu *Aconteceu na casa espírita?*

17. O TRAFICANTE

Inicialmente, o espírito 'incorporado' disse que tinha salvado uma criança dos vampiros e a tinha trazido para cá. "O pessoal já está cuidando dela". Entretanto, seu modo de falar não parecia de um espírito 'trabalhador da luz'.

"Como pode Deus permitir uma coisa dessas? Uma menina de dois anos... tão bonita!". Disse a ele que Deus

40 | Casos Notáveis de um Grupo Mediúnico

realmente não permitia, mas os homens não seguiam as leis e ele havia sido um instrumento de Deus. Graças a Sua bondade, ele pode realizar isso em nome de Deus. "É, não havia pensado nisso, haja vista que meu grupo não conseguia sair daquelas cavernas, porém, depois que peguei a criança, foi fácil sair. O caminho estava fácil". Disse a ele sobre a Justiça Divina, a Lei de Causa e Efeito e que nada acontece por acaso. Mas ele insistia: "Nosso grupo anda por aí 'zoando', mas não fazemos uma coisa dessas! Uma criança... Como pode?".

Conversamos mais um pouco a respeito disso. Falei novamente que nada acontece por acaso. Vivemos muitas vidas. Perguntei, então, se ele gostaria de conhecer um pouco de seu passado. Ele abaixou a cabeça e disse: "Estou vendo um palco. As cortinas se abrem. Mas eu não sou mulher". Disse que cada vez que reencarnamos, podemos ser homem ou mulher, em função de nosso aprendizado, e que o espírito não tem sexo. Sua voz se alterou e continuou: "Eu sou uma grande atriz. Gosto de jóias, de coisas boas. Sou muito famosa nos palcos da França, da Itália. Gosto de ter os homens aos meus pés, pois gosto de coisas finas".

Breve pausa.

"Tirem esta coisa de mim. Não quero ficar grávida. Não posso. Enfie um ferro dentro de mim e tire isto! Há meses que estou com estas faixas. Vocês ainda não tiraram? Já tirei **cinco** antes. Vamos logo. Se esta criança nascer, eu a mato, esgano ela, afogo".

Breve pausa.

"Que frio! Estou velha. Meus seios murcharam. Sou um trapo. Não tenho mais nada. Roubaram-me tudo.

Casos Diversos | 41

Meu último amante levou as jóias que restavam e me chamou de velha asquerosa e fedida. Solange! Traga meu casaco. Cocheiro! Cadê o cocheiro?!".

Breve pausa.

"Tirem estes abutres de cima de mim! Eles me devoram. Nunca mais quero ser mulher!".

Breve pausa. Outra entonação de voz.

"Que vida mais miserável e triste. Preso neste lugar sujo, fedido, sem poder sair daqui... Nasci com um defeito no quadril e não posso andar... Meu irmão cuida de mim, me leva para a janela, mas não vejo nada, tudo escuro. Ele é bobo, de tudo que ganha me dá metade... Antero, me põe na janela! Se tivesse uma farpa, enfiaria no coração e acabava com esta vida miserável. Deus se esqueceu de mim. Consegui uma faca. Agora sim... (faz o gesto de enfiar uma faca no peito)".

Breve pausa. Outra entonação de voz.

"Tenho **cinco** 'aviõezinhos' [garotos que entregam droga, a serviço do traficante]. Cuidado! Tragam o dinheiro aqui. Não me enganem. Se vocês me traírem, mato vocês. Este dinheiro é para pagar a droga que me trazem. Este cara leva todo o dinheiro, que ganho!... Três garotos já se foram. Só tem agora vocês dois. A polícia tá por aí! Vocês não têm nada. Eu tenho meu 'berro' [arma de fogo]. Vamos por aqui. 'Sujou!' [a polícia chegou]".

Breve pausa. Voltou a entonação de voz inicial.

"Meu grupo anda por aí. Mas o que é isto? Estes vampiros... (parece recordar o resgate da menina). É a única coisa boa que fiz em 300 anos. Não é possível... Ela é aquela menina que eu não queria!".

42 | Casos Notáveis de um Grupo Mediúnico

A médium abaixou a cabeça e começou a chorar e, em seguida, o espírito foi levado.

A comunicação durou cerca de meia hora. Foi intensa a dramaticidade de todo o depoimento. Foi como uma novela de rádio. De fato, era uma grande atriz e essas qualidades se mantiveram. Notar os **cinco** abortos e os **cinco** aviõezinhos. Quem teria sido o Antero, seu amparo? A Solange? O cocheiro? Explorada pelos amantes e depois pelo traficante-chefe.

A médium aqui foi a Malu, do caso de mesmo nome (nº 15).

18. O Médium de Curas

O espírito chegou perturbado. Não entendia o que se passava. Aplicamos um passe. Ele disse que o líquido que saía da boca diminuiu e completou: "Encheu todas essas vasilhas". Tomou água e disse estar melhor. Sua história foi contada aos pedaços, sem sequência. Arranjada, seria aproximadamente esta: era médium de curas. Curava muita gente. Ficou doente, porém não aceitou a doença. "Eu, que curava tanta gente, ficar doente assim!? Meu orgulho não aceitava isso. Após a passagem para a vida espiritual, revoltado, alguém me disse: 'Vem comigo, tenho trabalho para você...' E eu fui".

Enquanto isso, na mente do doutrinador, veio a palavra *ectoplasma*.

Continuando: "Só que não era o que eu pensava. Passava o tempo todo vertendo líquido pela boca e eles não me deixavam parar... Plasmavam coisas (nosso amigo parece ter procurado a palavra "plasmavam" para dizê-la). Só que não eram coisas boas".

À medida que falava, ia se acalmando e relembrando seu orgulho. O doutrinador perguntou se conseguia ver as pessoas à sua frente (a equipe espiritual). "Agora vejo", disse. O doutrinador: "Conhece, por acaso, alguém?". "Sim", respondeu ele, começando a chorar. "Você está aqui... não me abandonou...". Não disse mais, porém nos pareceu falar a seu guia espiritual. Ficou, para nós, mais um pouco em silêncio, apenas murmurando, sendo então levado.

Interessante ressaltar que, como médium de curas, liberava ectoplasma e, no plano espiritual, continuou a desprender líquido pela boca, de forma forçada. Parece, a nosso ver, que esses fluidos que ele liberava seriam utilizados nas tarefas de cura que ele não realizou. Ainda resta uma pergunta: seria mesmo ectoplasma o líquido que ele, espírito, desprendia pela boca?

Sobre ectoplasma, ver os livros: *Um fluido vital chamado ectoplasma*, de Mathieu Tubino (Ed. Lachâtre); *O fotógrafo dos espíritos*, de Nedyr Mendes da Rocha (Ed. EME); *Introdução à ciência espírita*, de Aécio Pereira Chagas (Ed. Lachatre).

19. Espírito Encarnado × Espírito Desencarnado

Uma das médiuns (M1) recebe um espírito (E1) meio irado por ter sido cá trazido, dizendo que nada o demoveria de sua vingança. O doutrinador (D1) conversa com ele. Ao lado, outra médium (M2) recebe ou-

44 | Casos Notáveis de um Grupo Mediúnico

tro espírito (E2) que começa a dizer que o outro (E1), que se comunicava ao lado, deveria parar com isso e cuidar de sua vida. O doutrinador D2 pergunta alguns detalhes para ter certeza de que era do 'vizinho' que E2 falava, o que se confirmou. E2 disse ainda que estava dormindo e veio até aqui, que E1 era um chato etc. D2 orou com E2 e este disse que iria conversar diretamente com seu desafeto. Um breve silêncio e E1 falou que ia voltar para seu buraco (a médium M1 viu um túmulo).

A questão entre os dois espíritos pareceu não ser muito grave. Devem ter sido trazidos para conversarem. O interessante é que um deles estava encarnado (E2), enquanto o outro, não!

Sobre o assunto, ver, em *O livro dos médiuns*, de Allan Kardec, o item 284.

20. O Feiticeiro

Inicialmente, o espírito se manifesta como um feiticeiro africano que se vingava de uma família (parece que parte estava atualmente encarnada), da qual havia sido escravo aqui no Brasil. Muito bravo, queixava-se de que tinha sido colocado no formigueiro, onde morrera. Dizia ter sido um rei africano que havia sido capturado e escravizado. Blasfemava, dizendo: "Onde estavam os deuses da África que permitiram aos brancos nos escravizar?!", dentre outras expressões semelhantes.

Muito irredutível em sua vingança, foi-lhe mostrada uma encarnação anterior. Era um despótico rei banto

CASOS DIVERSOS | 45

que vendeu seus inimigos (de outra tribo africana) a mercadores de escravos. Ainda irredutível, foi lhe mostrada outra vida: um alto sacerdote egípcio, despótico (dizia mandar mais que o faraó) que, após a morte, continuou comandando seus escravos. Murmura algo que escapa ao doutrinador. Conversa com dois espíritos à sua frente, os quais ele parece conhecer, e aceita a autoridade deles. A médium o vê entregando uma pedra verde, uma pedra vermelha, uma pedra da lua, uma azul, os anéis e se "submeter". Antes de ir, diz que tem algo a sair pela boca. Vomita a 'serpente do poder', a 'serpente da morte'. É levado, então.

Esse é um marcante exemplo da Lei de Causa e Efeito em sua forma mais material. Note que depois de nosso amigo perceber as duas outras entidades, ele se 'desacopla' da médium, que deixa de ser psicofônica e passa a ser vidente, apenas, descrevendo o que estava acontecendo.

21. FILHO?

Inicialmente, a médium assumiu ares de 'nariz empinado', dizendo: "Quem é você para se dirigir a mim?". Falava como uma dama da nobreza. "Você não está vestido adequadamente para falar comigo". Para trazê-la para o 'hoje', fizemos uma prece. Desempinou o nariz. Olhava para mim e perguntava: "Quem é você?", mas agora de forma diferente. Os trabalhadores espirituais ofereceram-lhe água, que tomou. Olhava para mim e, com voz de choro, perguntava: "Quem é você? Eu o

46 | Casos Notáveis de um Grupo Mediúnico

conheço, mas não me lembro". Disse-lhe que talvez já tivéssemos cruzado os caminhos em outras vidas. Ela, cada vez mais chorosa, repetiu a pergunta. Perguntei--lhe se via os espíritos que a atendiam. Ela respondeu que sim e disse-lhe, então, para perguntar a eles, pois talvez soubessem. Ela, chorosa, disse que tivera um filho que morreu pequeno e que era eu. A emoção dela aumentou e a minha também. Não tínhamos mais o que falar... Ela foi, então, conduzida pelos trabalhadores espirituais.

22. Apelo de Mãe

O espírito se manifestou pedindo ajuda. Ela se julgava duplamente fracassada: como mãe encarnada, não havia conseguido encaminhar devidamente os filhos e, como mãe desencarnada, não conseguia também influenciá-los. Fizemos uma prece. Ela agradeceu e sentiu a presença dos mentores. "Já sinto que estou sendo ajudada. Eles irão comigo até minha casa. Há, por lá, muita maldade, principalmente de um dos meus filhos que lidera os outros para roubar, para as drogas etc.". Agradeceu novamente e disse: "Eles [os espíritos socorristas] estão dizendo que é hora de dar um basta. Para que possa ser ajudado, ele vai levar um tiro, eu vou cuidar dele e os outros vão se aquietar". Ela dizia isso com uma voz de quem se sentia aliviada de uma angústia, de um peso. Agradeceu mais uma vez e se despediu, dizendo que ia com eles.

Essa solução para o problema pode chocar; contudo, pensando em termos de imortalidade e de Lei de Causa e Efeito, ela tem sua lógica. Os débitos do rapaz deviam ser elevados, ao contrário dos de sua mãe. Para entender melhor, ver *Eustáquio, quinze séculos de uma trajetória*, ditado pelo espírito Cairbar Schutel ao médium Abel Glasser (Ed. O Clarim).

23. Os 'Amigos'

O espírito veio reclamar porque o estávamos impedindo de atuar sobre seu desafeto. Pedi que explicasse melhor: "Ele [seu desafeto] começou a ir a uma igreja onde tem um cara que se diz pastor, mas não é nenhuma flor que se cheire. Ele [o desafeto], porém, acredita no que ele diz. Largou de beber, deixou de ser mulherengo. Agora, só fica em casa com a família. Depois disso, parece que tem uma luz em cima dele que não me deixa chegar perto. Ele anda agora com um livro preto debaixo do braço". Pergunto se é a Bíblia, ele diz que sim e continua: "Precisa ver o esforço que está fazendo para largar de fumar!". Pergunto: "E por que você não faz como seu amigo para se melhorar?". Ele diz, de forma taxativa, que já foram amigos, mas agora são inimigos. Insisto: "Mas seu amigo vai deixar você para traz". Depois de uma breve pausa silenciosa, ele diz: "Eu posso fazer como ele?". Respondo que pode e indico-lhe os instrutores espirituais, que o conduzem.

Que o pastor tenha começado a também seguir seus próprios ensinamentos! Vamos torcer por ele!

48 | Casos Notáveis de um Grupo Mediúnico

24. Orgulho

"Estou numa encruzilhada entre o bem e o mal. Um à direita, outro à esquerda. Não sei a qual seguir", começou dizendo o espírito. "Vim para fazer certas tarefas no campo da espiritualidade, porém não consegui fazer tudo. Estava em um sanatório [no plano espiritual] me recuperando, mas não aceitava aquilo. Achava que sabia mais que aquele pessoal e fugi. Consegui passar por aquela cerca. Encontrei outros iguais e formamos um grupo. Um grupo muito fechado e mandávamos nos 'inferiores'. Para entrar no nosso grupo, exigíamos um juramento de fidelidade. Mas também não estava contente. Aquilo não era coisa para mim". Virou-se para mim, cochichando: "Você já ouviu falar dos *legionários de Maria*?".[3] Respondi que sim. "Não sei por que e como eles me pegaram e me trouxeram aqui. Faz já alguns dias... e tenho assistido às reuniões".

Trocamos mais algumas palavras e lhe disse: "Meu amigo, seu problema é o orgulho. A gente se acha mais do que é. Você se achou mais que os enfermeiros que cuidavam de você e mais que seus próprios companheiros". E ele respondeu: "É, você tem razão. Agora vejo que é isso". Trocamos mais algumas palavras e ele começou a chorar, dizendo: "Agora me lembro. Era aqui que trabalhava. Fui um trabalhador desta casa. Mas não vou dizer meu nome". Isso também me causou um choque. Perguntei se ele me conheceu e não respondeu. Disse mais algumas palavras com muita emoção

---

[3] Veja-se, a propósito, o livro *Memórias de um suicida*, ditado pelo espírito Camilo Castelo Branco à médium Yvonne Pereira (Ed. FEB).

CASOS DIVERSOS | 49

e afirmou que os mentores diziam que ele iria permanecer aqui [no GECC] e não seria conduzido para uma colônia espiritual. Despedimo-nos e eu falei que talvez nos encontrássemos durante a semana. Em seguida, a médium recebeu um dos trabalhadores espirituais que disse, entre outras coisas, que ele não iria mais 'escapar'. O GECC foi fundado em 1962 e comecei a frequentá-lo em 1972, dez anos depois.

25. APRENDIZADO

O espírito manifestou-se falando com o sotaque de 'preto velho': "Quero agradecer o aprendizado e nosso mentor Serafino falou para a gente pedir permissão para continuar nosso aprendizado". Respondi que permitia e ele continuou: "Aprendi muito aqui. Tenho meu terreiro com minha gente e trabalhávamos para o mal. Aí, um dia, uma coisa dentro de mim viu que isso não estava certo. Falei com minha gente e resolvemos, agora, ajudar as pessoas. Só que a gente não sabia fazer as coisas direito. Ajudar na pancada não dá certo. Foi então que Serafino falou para a gente vir aqui e ver o jeito de que vocês falavam com 'os esprito brabo' que vinham. As orações que vocês faziam e que vinha um feixe de luz".

Disse também que não sabia ler. Falei para que ele pedisse ao mentor permissão para ir também a uma escola, onde iria aprender a ler, enquanto estudava a Doutrina. Ele respondeu, de forma muito tímida, que iria ver. Parecia ter receio do mentor. Reforcei que os livros afirmavam que muitos dos que passaram pela escravi-

50 | Casos Notáveis de um Grupo Mediúnico

dão no Brasil foram, em vidas anteriores, pessoas letradas; assim, aprender a ler, agora, seria fácil. Ele sorriu e não comentou. Agradeceu mais uma vez e fizemos, juntos, uma oração. Era a última reunião deste grupo no ano (5º módulo do GEDE).

O GEDE (Grupo de Estudos da Doutrina Espírita) tem, por objetivo principal, a preparação de trabalhadores para as diversas atividades do GECC (Grupo Espírita Casa do Caminho). O trabalho de estudos está dividido, atualmente, em cinco módulos, de um semestre cada:

1º) Estudo de *O livro dos espíritos*, de Allan Kardec;

2º) Idem e prática da mediunidade;

3º) Estudo de *O livro dos médiuns*, de Allan Kardec, e prática da mediunidade;

4º) Idem;

5º) Com uma programação teórica e prática variada, é também destinado aos trabalhadores do GECC.

Ficamos surpresos por termos dois grupos de estudos trabalhando simultaneamente, um em cada plano.

26. Ação e Reação

O espírito se manifestou dizendo que era bom estar num corpo inteiro novamente, pois havia sido esquartejado: "Amarraram-me as mãos e os pés a cavalos que foram, cada qual, numa direção".

Perguntei porque lhe fizeram isso. Ele respondeu: "Uma pessoa muito influente pediu-me para fazer uma coisa indevida e eu me recusei. Ele então me acusou de um crime que não cometi e fui condenado a essa pena".

CASOS DIVERSOS | 51

Perguntei se fazia muito tempo. Ele disse que sim e que já havia voltado pelo menos duas vezes em corpos doentes, vivendo pouco tempo. "Isto é muito injusto, pois estou até hoje sofrendo por um crime que não cometi". Falhei-lhe, então, das vidas passadas e pedi aos mentores que mostrassem um pouco de seu passado. Após um breve instante, ele disse: "Puxa vida! Fiz com os outros a mesma coisa, só que moralmente, *esquartejamento moral*. Era um agiota que emprestava dinheiro a juros exorbitantes e cobrava impiedosamente. Muitas vezes, como consequência disso, as famílias se separavam. Cada pessoa ia para uma direção. A família era como que esquartejada. Cada um ia viver longe dos seres queridos por minha causa. As dores que senti foram imensas, mas as dores morais que causei foram maiores". Interessante a prova ser tornada física, em vez de moral, em pelo menos três encarnações. Se a prova moral é mais dolorida, é provável que as vítimas tenham intercedido por ele. A nosso ver, a dor maior ou menor depende de quem vai senti-la (vide o a "Introdução" deste livro).

27. O Poço

Numa reunião de desobsessão (vide, mais à frente os "Casos da 'Emergência espiritual'"), estávamos pedindo por uma senhora. Manifestou-se um espírito que assim começou: "Era um poço de 2m por 20m. Melhor dizendo 1,80m por 20m". Perguntei como o poço era utilizado. "Ora, para jogarmos [eu e ela, ou seja, o manifestante e a senhora pela qual pedíamos ajuda] os que

52 | Casos Notáveis de um Grupo Mediúnico

nos criavam problemas. O que nós fazíamos era roubar escravos, contrabandeá-los e vendê-los. Os que poderiam servir de testemunhas, jogávamos no poço. Quem mandava ficar perambulando pelos campos às 3h da madrugada? A gente matava e jogava no poço". E assim relatou vários casos como esse: "O fazendeiro tinha poucos escravos: uns seis. Três nos interessavam; o resto, não. Mas o fazendeiro não gostou. Tivemos de matá-lo. Dois escravos não interessavam. Jogamos os três no poço".

"Um dia a gente teve que fechar o poço. Ela me matou e me jogou no poço. O problema foram os caras que havíamos jogado no poço. Eles estavam lá em baixo me esperando e me pegaram. Eu até dava um pouco de razão a ela, mas eles me obrigaram inclusive a ficar com ela. Não podia sair. Eles estão aí".

Oramos com o irmão em favor dele e dos demais. Ele agradeceu e foi conduzido pelos trabalhadores espirituais.

Interessante a insistência do irmão com a precisão das medidas. Na época da escravidão, o Sistema Métrico, criado no final do século XVIII, era pouco conhecido no Brasil. O que foi passado ao médium? Não foi simplesmente uma ideia que poderia ser representada pela palavra *poço* ou *buraco*. Um valor numérico é algo mais rígido. Quem fez a conversão de unidades da época (braça, palmo etc.) para a atual (metro)? Quem teria cavado um poço com essa profundidade (20m), que corresponde a aproximadamente sete andares? Seriam mesmo 20m? A nosso ver, a fala do irmão foi preparada com a ajuda de seus guias, servindo ela, além de um desafogo, como depoimento para nossa instrução. Além disso, esse as-

CASOS DIVERSOS | 53

pecto da escravidão (roubo e contrabando de escravos) é pouco mencionado nos textos de História.

28. O Cigarro

O espírito pediu um cigarro. Demonstrava um grande sofrimento. Fumou a vida toda e morreu de tanto fumar. Sofria imensamente por não ter um cigarro. Tornou a pedir um cigarro e tornei a dizer que não tinha. Ao lado, um espírito trabalhador da casa incorpora-se num segundo médium e, com nossa permissão, entrou na conversa, dizendo: "Você quer um cigarro, filho? Aqui está", fazendo, ambos, os gestos correspondentes. Nosso irmão deu uma tragada e o médium (primeiro) quase explodiu de tosse (confesso que temi por ele). Alguns segundos depois acalmou-se e disse: "Se da segunda vez que pus um cigarro na boca fosse um desses, nunca mais teria fumado!". O outro espírito, com voz paternal, disse: "Vamos filho, vou levar você agora para tratamento". E foram.

Nosso amigo, ao mencionar "a segunda vez", destacou bem o poder de sedução da 'primeira vez' e a prisão da 'segunda'...

29. O Navio Negreiro

Um rapaz veio para tratamento de desobsessão (vide, mais à frente, o capítulo "Casos da 'Emergência espiritual'"). Houve várias manifestações em dias diver-

54 | Casos Notáveis de um Grupo Mediúnico

sos. Reconstituímos, com base nos depoimentos dados, a história que se segue.

Meados do século XIX. Uma frota de uma companhia de comércio inglesa cruzava o Atlântico em direção ao Brasil. Um dos navios trazia cerca de trezentos escravos africanos. O governo inglês já havia decretado a proibição desse tráfico, apreendendo navios e anulando as concessões das empresas marítimas. Num dado instante, a frota foi alertada por outro navio da presença da armada inglesa mais adiante. Um dos diretores da empresa (hoje, o rapaz em tratamento) estava a bordo de outro navio da frota e, temendo perder a concessão, mandou afundar o negreiro com as trezentas pessoas a bordo.

Um dos espíritos que se manifestou (um dos naufragados) disse que, quando o encontraram (o rapaz em pauta), não apresentou o menor arrependimento, "dormia tranquilamente", o que os deixou mais revoltados. Esse mesmo manifestante comentou que ele próprio fora, em outra existência, um mercador de escravos.

O atendimento levou vários dias: grupos de aproximadamente dez espíritos em que um deles conversava com o dialogador em nome dos demais.

Interessante o fato de o rapaz não apresentar arrependimento deixar os outros mais revoltados. Seria um caso semelhante ao "da metralhadora", nº 40?

30. Tragédia Tríplice

O espírito começou a falar de forma pausada e grave (apesar de a médium ser mulher), dizendo que ele

CASOS DIVERSOS | 55

não merecia perdão pelo que havia feito: era um criminoso tríplice. Falamos que Deus era infinitamente justo e infinitamente bom, sempre dando, a seus filhos, uma oportunidade de recomeçar. Oramos com ele. Ele contou sua história em breves palavras: matou sua esposa grávida a pauladas e, depois, deu um tiro na cabeça, daí o tríplice crime. Isso foi em 1972. Estava nas cavernas escuras, lembrando-se disso a todo instante, "segundo por segundo, nesses 37 anos, e ouvindo 'assassino', 'suicida'... Tudo por causa da bebida. Vivia batendo na coitada". Repetimos o que dissemos acima sobre a justiça e a bondade divina e que a misericórdia divina já havia se manifestado, retirando-o das cavernas. Ele complementou dizendo que sua esposa estivera dormindo todo esse tempo e havia sido atendida "aqui mesmo, minutos antes".

Conversamos mais um pouco e, a seguir, foi conduzido pelos trabalhadores espirituais.

Como foram as relações entre esses três espíritos no passado?

31. Prisioneiros

Na reunião daquela noite, dentre as diversas manifestações, duas nos chamaram a atenção. A primeira foi a de um espírito que chegou gemendo e pediu para tirar o peso das suas costas. Perguntamos o que era o peso e ele disse que o patrão havia mandado colocar. "Sou negro fugido", disse ele. Falava até tranquilamente, parecia não estar revoltado, como geralmente acontece

56 | Casos Notáveis de um Grupo Mediúnico

nesses casos. Após ser atendido pela equipe espiritual, foi levado para as colônias do Além.

A segunda manifestação, através de outro médium, foi de um espírito que dizia estar numa cela muito apertada, que o constrangia. Oferecemos a mão e ele não quis sair, tinha medo, pois estava preso para ser enforcado. Se saísse da cela, seria enforcado. Muito desconfiado e depois de tomar a água que oferecemos, disse que havia sido preso por roubar para dar de comer à família. Era um pobre camponês sem instrução e queixou-se das injustiças sociais: "Os que têm um pouco mais se julgam mais que os outros e procuram espezinhar e tomar o pouco dos que têm menos". Perguntei onde e quando vivia e ele disse que na Inglaterra, em meados do século XIX. Disse isso com dificuldade, pois parecia repetir o que ouvia.

Especulamos se ambos os casos ocorreram na mesma época. Seria, no primeiro caso, a aceitação das consequências da Lei de Causa e Efeito e, no segundo, a não aceitação? Ou seria diferente?

32. Com Estes Olhos

O espírito chegou bravo, mas com o passe foi se acalmando. Ele disse que estava num buraco mal-cheiroso e escuro. Repudiava o Cristo, "aquele que morreu na cruz". Resumindo sua história: era um mendigo que pedia esmolas na porta de uma sinagoga na época de Jesus. Disse que Jesus, quando menino, apanhou e foi expulso dessa sinagoga. Viu o Cristo pregando "com

CASOS DIVERSOS | 57

estes olhos", dizia com veemência, apontando os dois dedos indicadores para os olhos da médium. Não podia aceitar os ensinamentos daquele que foi maltratado e crucificado, daquele que pregava a bondade. Quem veio buscá-lo foi o rabino da mesma sinagoga. Ele não entendia como, mas o acompanhou.

O caso desse irmão nos remete ao de Camilo Castelo Branco, no livro *Memórias de um suicida*, psicografado pela médium Yvonne Pereira (Ed. FEB). Gostaria de ter perguntado a ele se teve outras encarnações nesse intervalo de vinte séculos...

33. RECONCILIAÇÃO

O espírito A começou falando que ele, o espírito B, não parava de atormentá-lo, xingando-o o tempo todo (parece que estavam num buraco). Perguntei por que ele fazia isso e A respondeu que lhe fizera mal no passado, mas já se arrependera e pedira perdão. Fui inspirado a falar sobre o perdão e a Lei de Causa e Efeito para os dois. Eles iriam juntos para a colônia espiritual. Perguntei se B desejaria falar algo e ele prontamente respondeu que sim, através da mesma médium. Conversamos mais sobre vidas passadas (se ele foi vítima, pode antes ter sido algoz). Ele disse que queria perdoar, mas não era capaz. Conversei mais um pouco e pedi que dessem as mãos. Deram-se as mãos, com relutância (não vi e nem percebi gesto algum da médium, porém senti o que aconteceu). Disse, então, a B: "Viu como você é capaz de perdoar? Já deu o primeiro passo". E se foram juntos.

58 | Casos Notáveis de um Grupo Mediúnico

O interessante do caso foi a participação da mesma médium. Já havia presenciado várias reconciliações, porém cada espírito se manifestando por um médium diferente. A nosso ver, deveria haver grande afinidade fluídica entre os dois e, inclusive, com a médium.

34. A Missão de Mãe

Era domingo, Dia das Mães. O espírito chegou chorando, arrependido, desesperado, envergonhado pelo que fizera. Amava a mulher, mas a repudiou devido a insinuações de sua mãe. Depois do desencarne, percebeu seu erro e a falsidade da mãe. Conversamos um pouco e, a seguir, foi mostrado seu passado: ele fez algo nada bom para uma mulher e "ela esperou para se vingar". Recebeu-o como filho para fazer o que fez. Sua esposa o perdoou e estava lá para recebê-lo. Casariam de novo e estavam presentes duas crianças que seriam seus filhos. E ele se foi, todo animado com a nova oportunidade.

Aqui se vê, de forma negativa, a importância da maternidade. Devo acrescentar que, naquele dia, as outras comunicações alusivas à data foram bem ao contrário dessa.

35. Esperanto no Japão

No GECC, já se haviam manifestado muitos espíritos vítimas do terremoto e do tsunami ocorridos no Japão em 25 de março de 2011. Em 22 de maio de 2011, um

CASOS DIVERSOS | 59

espírito se manifesta através da médium AL (estudante de esperanto), dizendo algumas palavras em esperanto. Fui intuído de que se tratava de mais uma vítima. DB (professor de esperanto), dialogador que 'coincidentemente' estava ao lado de AL, conversou com o espírito em esperanto e, no final, orou com ele em esperanto, também.

DB esclareceu que o irmão socorrido percebeu que não estava no Japão e falou em esperanto, a única língua que conhecia, além do japonês.

AL afirmou que, após as primeiras palavras, ficou 'fora', não percebendo nada da conversa, pois entenderia muito pouco.

DB já havia recebido (ele também médium psicofônico), há algum tempo, o espírito de um polonês que nos informou estar no Brasil fazendo um estágio, pois "o Espiritismo estava chegando à Polônia e ele estava se preparando". Depois da comunicação, o médium disse que 'ouvia' o espírito dizer tudo em esperanto e que foi traduzindo.

De outra feita, tivemos uma situação semelhante, só que o espírito era japonês e nem o médium, nem eu, sabíamos japonês. Foi com muita dificuldade que pudemos entender a mensagem (a mesma do polonês), dada com forte sotaque japonês.

Há também a 'tradução no sentido contrário'. Recebemos também, para tratamento, um soldado americano morto no Vietnã. Conversamos com ele, em português, através de um médium psicofônico. No final, ele me perguntou: "Não conheço a sua língua, mas como fui capaz de entender tudo?". Respondi que não sabia

60 | Casos Notáveis de um Grupo Mediúnico

explicar e que ele não se preocupasse com isso no momento. De fato, a nosso ver, essa questão da linguagem na mediunidade é mais complexa do que parece.

Ver, sobre isso, *Os fantasmas do Tsunami*, revista Piauí, Estadão, abril 2014.[4]

36. Saluk

Naquela noite, nossos mentores preliminarmente nos avisaram que os espíritos que iríamos atender tinham, em comum, a não aceitação do desencarne. No final da reunião, atendi o espírito de um muçulmano, que depois se autodenominou 'Saluk'. Chefiava um bando de guerreiros líbios, também presentes. Muito desconfiado, começou questionando a ausência de turbante nos homens e a prece que fiz em pé. Não quis aceitar a água que a equipe espiritual lhe oferecia. Falou do deserto, que disse conhecer muito bem, o que lhe permitia sobreviver. Aí eu lhe disse que já havia vivido por lá há muito tempo. Ele parou e, olhando para mim (através do médium, evidentemente), falou: "Você era um mercadante". Perguntei como ele sabia disso e ele falou: "Veio de relance em minha cabeça". E começou a me descrever: "Você era um mercadante, tinha a mesma compleição física, bigodes pretos com as pontas retorcidas, turbante branco, vestimenta branca, calçado de couro... era um mercadante de posses". Após essa descrição, sua desconfiança diminuiu. Tomou a água.

---

[4] Disponível em: <http://revistapiaui.estadão.com.br/edição– 91/ carta-do-japão>. Acesso em: 25 abr. 2014.

CASOS DIVERSOS | 61

Perguntou como seus homens iriam bebê-la e eu disse que já estavam sendo servidos. Perguntei se no seu grupo havia mulheres e crianças. Ele disse que não, só guerreiros. Quando indaguei em que época vivia, ficou embaraçado e não respondeu (acho que nem ele e nem o médium conseguiram 'traduzir' a data). Saluk disse também que sua desconfiança era porque já havia confiado demais em outros e suas terras acabaram sendo invadidas. Falou também em tanques de guerra cor de areia e foguetes. Isso talvez nos permita concluir que esse grupo tenha sido vitimado num conflito recente na Líbia (2011). Todo grupo foi encaminhado.

Possivelmente, nós nos conhecemos numa vida anterior e talvez fôssemos amigos, daí a utilização desse recurso, por parte da equipe espiritual, para quebrar a desconfiança de Saluk.

37. O NOBRE EGÍPCIO

Inicialmente, a entidade ficou brava pela "intromissão em seu mausoléu de pedra e sua morada eterna". Pensei que se tratava de alguém que desencarnou no século XIX. Aí, ele achou estranho o objeto que eu tinha sobre o nariz (os óculos). Expliquei o que era e para que servia. Pensei que deveria se tratar, então, de alguém que viveu antes da Idade Média, mas o que chamou a atenção dele foram as lentes. Dissemos que eram de vidro, material fabricado... "O que é fabricado?", perguntou ele. Expliquei fazendo uma analogia com cozinhar um pedaço de carne. Aproveitei uma

62 | Casos Notáveis de um Grupo Mediúnico

breve pausa para fazermos uma prece (Pai Nosso) e ele ficou intrigado: "Cada um reza para o seu deus!".

Perguntei se ele era do Egito e ele respondeu que sim, murmurou algumas coisas sobre faraós e que eu saísse de sua tumba. Falei, então, que o Egito não tinha mais faraós e que o último foi uma mulher chamada Cleópatra. A esta altura, ele já tinha se acalmado e perguntei-lhe sobre as pirâmides. "O que é isso?", respondeu ele. Percebi que ele era anterior às pirâmides. Nesse instante, seu semblante (o do médium, evidentemente) muda de 'preocupação' para 'satisfação', pois percebeu a presença de seu 'aio' (secretário) que considerava um amigo. Ele falou que seu aio "estava dizendo para sair de lá, pois não precisava mais daquelas coisas". Disse, também, que, além de confiar no aio, "ele era mais evoluído". Percebeu, então, que não estava mais 'lá', mas 'aqui'. Despedimo-nos e ele se foi.

Esse espírito estava preso a sua múmia há pelo menos 4.600 anos, considerando que as pirâmides tenham sido construídas por volta de 2.600 a.C. e, pelo jeito, não houve nenhuma reencarnação nesse meio tempo. Nota-se a participação da médium na comunicação: o uso da palavra *aio*, palavra pouco usada entre nós, mas do seu conhecimento, o uso do termo "mais evoluído", expressão mais moderna. A médium, por meio de outras comunicações, ficou sabendo que viveu no Egito antigo. Além da sua admiração por essa civilização, já visitou as pirâmides e outros templos. Acho que essas características da médium foram importantes para que esse espírito pudesse se afinizar, comunicar-se e ver seu amigo. Afinal de contas 4.600 anos é um bom tempo!

38. DO ALTO COMANDO

O espírito foi se identificando como do alto comando nazista. Muito arrogante, perguntou se eu era americano. Disse não e ele falou: "Odeio americanos!". Conversa difícil, pois ele não estava acostumado a dialogar, só a mandar. Ministrei um passe e ele se acalmou um pouco. Achava que havia sido capturado pelos Aliados e estava sendo interrogado. Falamos que ele vivia uma ilusão, pois a guerra já tinha terminado. Tentando 'mexer em seu coração', pedimos aos mentores que ele pudesse ver algo de seu passado. Ele baixou a cabeça e, depois de algum tempo, perguntei o que ele viu. "Um garoto de olhos azuis, com o olhar parado, vazio", respondeu. Perguntei se era ele. "Talvez", disse. Nessa altura, já conformado, concordou em tirar a farda, desde que lhe dessem uma roupa branca. Foi levado pela equipe espiritual.

A seguir, o médium apassivou seu guia, que confirmou o que dele havíamos ouvido. Na sequência, veio um garoto: "Tio, aquele homem mau já foi? Tratem bem dele". Era o garoto de olhos azuis. Continuou falando que "o homem usava botas longas, pretas e brilhantes" e havia levado seus pais. Disse ainda que seus pais haviam lhe dito para perdoá-lo e, mais uma vez, falou para tratarem bem "aquele homem". Segundo o médium, o garoto foi acompanhado pelos seus pais e pelo seu cachorro.

Interessante o recurso utilizado. Quando ele prendeu o casal, ficou comovido pelo garoto (tanto que o deixou livre), porém sua 'máscara' de oficial do Reich era mais forte, embora aquele momento fosse muito

64 | Casos Notáveis de um Grupo Mediúnico

marcante em sua consciência. Ele se viu naquele garoto, daí o "talvez" dito por ele.

Veja-se, a propósito, o livro *Desobsessão – a terapia dos imortais*, de Luiz Gonzaga Pinheiro (Ed. EME).

39. Efigênia

"Eu sou Efigênia e vim procurar ajuda para meu neto que está nos escombros do prédio que caiu".[5] Assim se manifestou o espírito, mostrando certa ansiedade. Perguntei mais alguns detalhes sobre o local. Fizemos uma prece com ela, que depois disse que "o menino[6] estava aturdido, vagando entre os escombros, no meio dos bombeiros e outras pessoas, inclusive a mãe e o irmão, sem ouvir ninguém, inclusive a ela própria. "Aí, percebi que, ao ver o rapaz nesse estado, fiquei também aturdida. Fui trazida aqui para ser socorrida. Agora estou mais calma e compreendo a situação. Vejo que ainda não é o momento de ajudar meu neto". A seguir, foi levada pela equipe espiritual.

O socorro a esses casos envolve espíritos socorristas treinados e preparados para tal, bem como espíritos despreparados, porém com uma ligação afetiva mais intensa, muitas vezes até inconsciente, como se pode verificar em diversos casos aqui citados.[7]

---

[5] Desabamento de três edifícios no centro do Rio de Janeiro em 25 de janeiro de 2012. Essa comunicação se deu em 29 de janeiro de 2012.

[6] A médium descreveu-o como um rapaz de 20 a 25 anos.

[7] Veja-se, à frente, o caso nº 43, "Cães farejadores".

CASOS DIVERSOS | 65

40. VAMPIRIZAÇÃO? OBSESSÃO?

O espírito de um garoto se manifesta, sentindo-se contrariado. Narrou sua história: "Eu e meu irmão viemos juntos, mas ele nasceu; eu, não. Não deu certo, mas eu fiquei ao lado dele, pois gosto muito dele. Só que eu crescia e ele, não. Minha mãe levou ele ao médico e este disse que ele não tinha nada. Aí minha mãe o levou a um centro espírita. Deram um passe nele e agora não posso ficar perto dele" disse, lamentando. "Eu gosto muito dele e de minha mãe. Quando ele mamava, eu mamava junto; quando minha mãe lavava ele, me lavava também; quando fazia carinho nele, fazia em mim também".

O doutrinador disse-lhe que a separação seria temporária, para que ele pudesse aprender algumas coisas e o irmão melhorar a saúde. Depois poderia voltar. Quem sabe se de uma próxima vez não daria certo? Ele aceitou e foi levado.

Como poderíamos classificar este caso? Obsessão simples? Vampirização?

Veja-se, a propósito, a *Revista Espírita* de 1860, p. 357, e volume de 1863, p.64.

41. DE UM MUNDO LONGÍNQUO

Naquele dia, atendeu-se a um grupo de espíritos que faziam parte de uma falange das trevas, a qual tinha relação com um dos médiuns (obsessão de um parente). O atendimento durou cerca de uma hora. Relataremos apenas uma parte da regressão de memória com o chefe

66 | Casos Notáveis de um Grupo Mediúnico

desse grupo, cujas mãos eram garras e os pés, cascos. Querendo vê-la no chão, rastejando sob o jugo de seus pés, mas imobilizado frente à situação em que se encontrava, lança as mais torpes ofensas para a antiga companheira e também para aqueles que ousavam se aproximar dele. Nesse momento, ainda preso ao ódio, um pequeno lampejo de consciência o faz questionar o porquê de estar atrás do antigo desafeto e porque se encontrava naquele local. E ainda preso nesses pensamentos, rápidas lembranças de várias de suas vidas iluminam sua mente como um raio. Percorrendo, num átimo, a vastidão de suas próprias existências, percebera algo em comum. Desde os tempos antigos de Roma até às últimas vidas, fora sempre um escravo. Instantes após essa percepção, ele abandona o aparelho mediúnico da médium para se 'incorporar' em outra trabalhadora do grupo.

O desafeto com a antiga companheira desaparece frente a essa nova ferida que se expõe na alma do antigo escravo. Por que sempre fora escravo? O rancor das lembranças eclode em revolta por ter sempre vivido como escravo em todas as suas vidas pregressas.

Nesse momento, prestimoso companheiro espiritual que o acompanhava pergunta se não gostaria de lembrar o porquê de tão doloroso destino. Porém, apenas mais revolta e ódio exalavam de um coração endurecido no decorrer dos séculos. O companheiro espiritual então o envolve fraternalmente nos braços e inicia um processo de regressão da memória para tempos mais antigos.

Ainda mais relutante, com o coração chagado pelo veneno do ódio, o antigo escravo retorna para suas recordações mais remotas...

CASOS DIVERSOS | 67

"Que sol é esse? Onde estamos? O sol está diferente. Vermelho... Essa é a minha verdadeira casa... meu mundo. Não esse planeta horrível em que vocês vivem, não esse sol amarelo...porque não posso ficar? O que aconteceu por aqui?!! Não estava cumprindo ordens. Eu precisava fazer aquilo... Sim, eu apertei os botões... Eu apertei... Metade das pessoas do meu planeta morreu... Pelas minhas próprias mãos...".

Tocado pela mais recôndita lembrança, o antigo escravo retorna com o coração destroçado, mas liberto do cárcere da revolta.

Dessa vez, era aguardado por amigos, e não mais por feitores.

Terminada a regressão, esse amigo se encontrou com outro espírito desencarnado, por meio de outro médium. Esse espírito relata que tinha sido sua companheira em uma vida pregressa e o abandonou antes que ele cometesse outro crime e agravasse ainda mais sua situação. Ela o acompanhava e estava aguardando um novo despertar para que pudessem, juntos, regressar para tentarem, mais uma vez, a difícil lição de amar.

42. LEMBRANÇAS FATÍDICAS

"Quero voltar para o Brasil, sair dessa Itália terrível!", começou dizendo o espírito. Conseguimos convencê-la de que estava no Brasil. Mais um pouco, percebeu que havia desencarnado.

Sua história: juntou-se a um grupo de excursionistas e foi passear na Itália. No primeiro dia, foi a um castelo que

68 | CASOS NOTÁVEIS DE UM GRUPO MEDIÚNICO

todos acharam bonito, "menos eu. Senti-me mal lá dentro". No dia seguinte, foram a outro e aconteceu a mesma coisa. "Todos achavam que era impressão minha". No terceiro dia, foi a outro. "Ao entrar, vi-me envolvida em uma nuvem escura, ouvindo vozes acusadoras, um grande mal estar, sentimentos de arrependimento e de culpa. Apaguei momentaneamente. Ouvi sirene de ambulância". Percebeu-se levada numa maca, as luzes do corredor de um hospital. Apagou-se novamente. Viu-se na rua tentando voltar para o Brasil e não conseguia nada, até se encontrar aqui.

"Esta senhora, aqui na minha frente, me ajudou a vir aqui. Ela já sabia que tinha morrido, eu não. Ela precisa de ajuda mais do que eu. Ela quer libertar a filha que está presa na cadeira do avião que caiu no mar, quando ia para Paris.[8] A filha não a vê e não a ouve". Perguntei se via um pessoal de branco e ela disse que sim. Pedi que ela falasse com eles. Ela disse que eles iriam ajudá--la no atendimento da filha. A seguir, foi embora.

A ajuda mútua não é apenas uma otimização de trabalho, mas um ato de amor que eleva todos os corações, como em outros casos narrados.

43. OS CÃES FAREJADORES

O espírito chegou queixando-se de alguma coisa que não dava para entender, até que disse: "Onde estou?". Perguntei o que aconteceu e ele respondeu: "Trabalho em uma instalação de petróleo, houve uma explosão. Por

---

[8] Avião da Air France que caiu no Atlântico em 31 de maio de 2009. A presente comunicação foi em 25 de março de 2012.

CASOS DIVERSOS | 69

pouco escapei. Depois, fui ajudar o resgate dos soterrados. Mostrava aos cães farejadores onde havia alguém". Indaguei se os bombeiros o viam e ele disse: "Não reparei nisso. Os cães davam uma cambalhota e me obedeciam". Expliquei-lhe sua atual situação e ele logo se foi. Outro caso de solidariedade no socorro coletivo. Interessante os cães perceberem o espírito e o obedecerem. Interessante também ele perceber os soterrados e não perceber a si próprio (veja-se o caso nº 39, "Efigênia").

44. IRMÃOS

O espírito veio agradecer a ajuda e contou sua história: "Eu era apaixonado por minha irmã, mas não podíamos casar. Contudo, eu sempre respeitei ela. Casei-me com A e minha irmã com B. Nunca fui feliz com A, pois ela tinha muitos ciúmes de minha irmã. Dizia coisas que não havia entre eu e minha irmã. Devido a esse ciúme, teve um câncer no estômago. Cuidei dela até que faleceu. Fiquei com meu filho. Minha irmã e seu marido tiveram uma filha (era a cara dela) e ele também tinha ciúmes de mim; dizia-me coisas que não era, porém menos que A. Entretanto, nunca disse nada em presença de minha irmã. Um dia, minha irmã, o marido e a filha sofreram um acidente de carro. Faleceram os dois e a menina perdeu as pernas. Tomei a guarda dela e a criei como uma filha, porém nunca aceitou a perda das pernas. Meu filho casou-se, mudou de cidade e, um dia, minha sobrinha se matou, cortando os pulsos. Fiquei transtornado. Alguns

70 | Casos Notáveis de um Grupo Mediúnico

amigos me levaram a um centro espírita e o conhecimento da Doutrina me esclareceu e aliviou. Vivia sozinho. Fui para outra cidade onde tinha alguns parentes e, um dia, os primos me levaram a um restaurante. Houve um assalto. Comecei a conversar com um dos bandidos, dizendo o que havia aprendido na Doutrina. Parece que ele viu a mãe dele (já falecida) e se assustou. Achou que eu estava fazendo bruxaria e me deu um tiro. Mesmo a gente sabendo, a passagem foi dolorosa. É muito doloroso sentir a pólvora, a bala explodindo dentro da gente. Mas estou melhor. Agradeço por tudo e espero poder voltar a ver minha amada, minha esposa e minha sobrinha".

Oramos juntos, agradeceu mais uma vez e se foi. Chorou o tempo todo.

Quais causas surtiram esses efeitos?

45. O Martelo

O Espírito chegou se queixando que trabalhava num canteiro,[9] quebrando pedras. "Parece que só faço isso, só fiz isto." Ficou falando em torno disso. Fiz uma prece e ele se viu pregando um homem na cruz. "Eram cravos deste tamanho", disse mostrando com a mão (indicador e polegar). "O mais difícil foram os pés. Sempre que precisavam alguém forte para fazer essas coisas, me chamavam. E eu com o martelo na mão..." Após breve pausa pergunta: "Por que fiz isto? Não precisava... Este homem não fez nada de mal para mim... Estou até hoje com o martelo na mão. Perdoem-me." Disse-lhe

[9] Oficina onde se preparam as pedras de uma construção

CASOS DIVERSOS | 71

que primeiro ele precisava se perdoar. Disse-lhe ainda algumas coisas em torno disto e foi levado, mais calmo. O crucificado seria Jesus? A médium disse que sim.

46. CANHOÉ

Com dificuldade, disse que havia alguém ao lado ensinando-o a falar como 'homem branco'. "Canhoê se perdeu da tribo. Canhoê foi para lugar de sombra. Fui para mata e uma pintada me pegou. O espírito da onça me disse que eu ruim com os animais. Eu ia flechar irmão de tribo. Eu era muito invejoso por ser ele melhor que eu. Espírito da onça disse que eu deveria vir aqui e encontrar o pajé, só depois eu iria para tribo. Não fui para as terras de Tupã porque eu era ruim".

Fizemos com ele uma prece a Tupã. Disse-lhe mais algumas coisas, dando a entender que eu era o pajé. Depois continuou: "O espírito da onça agora era mulher formosa e ela iria me levar para aldeia da tribo. Lá, tinha rede boa para descansar". Oferecemos água na cuia. "Era água de fonte," disse, parecendo que via a fonte e foi, a seguir, levado.

Relato sucinto, mas bem indicativo de como é o 'lado de lá' para outra cultura; no caso, a cultura indígena.

47. A LANTERNA

O comunicante, de forma tranquila, disse que estava tomando conta de uma casa (parecia ter sido sua) para impedir que aquelas entidades fossem para lá. Ele usava

72 | Casos Notáveis de um Grupo Mediúnico

uma lanterna, "cuja chama não se apaga, para expulsar as 'sombras'". Conversamos um pouco e ele foi entendendo sua situação. A casa ficava próxima da mata. Ele disse não gostar da cidade. Disse, também, que a lanterna deveria ter uma bateria, "como as que eu vi na cidade". Queria devolver a lanterna, pois já não precisava dela, mas não sabia de quem era. De repente, estancou e disse: "O padre..... [não entendi o nome]. Foi ele que me deu a lanterna e agora entrego a ele". E se foi. Interessante uma chama alimentada por bateria.

48. Osvaldo

O espírito chegou se apresentando como um novo trabalhador da casa – aprendiz da equipe espiritual. Disse que foi aqui socorrido, não se lembrando bem devido à sua difícil situação de então (desencarnou com um câncer). Foi tratado em um hospital espiritual. Depois, foi para as escolas espirituais, onde aprendeu muito e, agora, estava fazendo um estágio de aprendizado. Disse que ainda tinha atividades na escola (pelo que entendi, reuniões com os mentores para orientação e autoburilamento). Estava muito contente por seu pedido, para aqui trabalhar, ser aceito. Tudo isso faz parte de sua preparação para reencarnar. Virá com a tarefa de ajudar as pessoas por meio de uma atividade científica. Perguntei-lhe se podia dizer seu nome e ele disse que sim: Osvaldo. Porém, falou que talvez os mentores sugerissem outro mais adequado à sua tarefa futura aqui na Terra. Sabia o nome deste esclarecedor e disse mais algumas coisas, externando sua alegria em servir.

49. O 'Padre'

O espírito começou o diálogo pedindo um trago de cachaça. Falamos que não havia essa bebida, somente água. Tomou a água, fizemos uma prece com ele e perguntou se eu era padre. Disse que não e ele insistiu que sim, pois eu estava com uma batina preta e uma auréola na cabeça. Disse que gostou de mim, apesar de não gostar de outro padre que o escorraçou da igreja. Conversamos mais um pouco e ele viu que fora atropelado por um caminhão, por estar bêbado. Foi conduzido por outro "padre de batina branca" (os enfermeiros da equipe espiritual estão sempre de branco).

Eu não estava de roupa preta, mas com uma jaqueta bege. Como fui 'vestido' para o espírito? Uma boa pergunta (ver o caso n°36, "Saluk").

50. O Gladiador

"Não quero mais viver", começou dizendo. O rosto da médium traduzia um sofrimento atroz. "Tirem-me daqui, deste buraco. Veja, das paredes escorre sangue!". Fizemos uma prece e ele se acalmou. Disse que era gladiador e estava cansado de verter sangue! Disse mais algumas coisas sobre os cristãos ("os cristãos eram estranhos: uns choravam, outros ficavam indiferentes e outros cantavam") e a expressão da médium se modificou em surpresa. "Vejo aqui um para quem acendi a fogueira na arena". "Ele veio aqui lhe receber", disse eu. A médium começou a sorrir de felicidade. Não precisava dizer mais nada, compreendemos sua alegria por receber o perdão daquele cristão que ele havia queimado.

74 | Casos Notáveis de um Grupo Mediúnico

Pareceu-nos que ele não era apenas gladiador, mas também uma espécie de funcionário da arena. As expressões do rosto da médium nos foram bastante significativas.

51. Distanásia[10]

A médium mostrou sinais de que havia algum espírito querendo se comunicar, mas quando me aproximei, disse que ele havia ido. Aí, comunica-se outro espírito, dizendo: "Ele se foi, mas não me escapa. Vai passar o que eu passei!". Explique melhor, falei. "Ele era médico, não quis me libertar. Me manteve preso com aqueles aparelhos. Fiquei ali preso, sofrendo". Disse-lhe, então, que é dever do médico prolongar o mais possível a vida dos pacientes. "Que nada", respondeu-me. "Ele queria era ganhar dinheiro. Agora é ele que está na UTI [Unidade de Terapia Intensiva] e eu estou segurando ele para ver o quanto é bom ficar preso!". Fiz uma prece e ele ficou mais calmo. Conversamos mais um pouco, disse que sua mãe ali estava e foi levado por ela.

Se esse tipo de obsessão ocorreu, qual foi sua causa?

52. O General

Este é o relato do médium André, que participava das reuniões de segunda-feira e que presenciou as

---

10 *Distanásia* significa morte prolongada; para alguns, morte sofrida. Antônimo de eutanásia.

CASOS DIVERSOS | 75

comunicações quando sentado ao lado da médium Maria.

Naquele dia, segundo a descrição de André, enquanto aguardava a oportunidade de passividade, sentiu um forte aperto no coração. Uma força muito grande o forçava a olhar para Maria, enquanto ela não havia dito uma palavra sequer. Um sentimento de orgulho e imponência se apoderou de André, que teve o ímpeto de endireitar a coluna, levemente reclinada sobre a mesa, estufar o peito e bater continência para a médium. O sentimento que o levava a fazer isso era envolvente e forte. A presença do espírito despertava em André um servilismo militar irresistível.

Algum tempo se passou e a médium começou a falar: "Judeus, guerra, *Führer*". As palavras eram desconexas e pouco se conseguia compreender o que o espírito queria dizer. Depois de algum tempo incorporado, o espírito se retira, deixando a médium exausta. O sentimento que movia André terminara e, alguns instantes depois, Maria recebe novamente outro espírito. O facilitador inicia a conversa e esse espírito esclarece a situação do que havia acontecido momentos antes. Ela acompanhava o espírito anterior há muito tempo, agradecendo a oportunidade de atendimento no grupo.

Esse espírito era mãe daquele espírito anterior, que não teve condições de se comunicar no primeiro momento e que chamaremos de Pedro. Ela o amava e velava por ele, ainda mais na situação em que se encontrava, preso a incontáveis dívidas e sofrimento. Tinha sido, na última reencarnação, um general alemão que lutou na Segunda Grande Guerra.

Pedro veio aos trabalhos várias semanas seguidas e, conforme o tempo passava, foi melhorando aos poucos,

76 | Casos Notáveis de um Grupo Mediúnico

segundo sua própria mãe, que sempre 'incorporava' na médium após a comunicação de Pedro. Conversava sobre a guerra e sobre a Alemanha. O desgaste mediúnico era intenso e Pedro não conseguia sequer sentir a presença de sua mãe, que sempre estava ali, velando por ele.

O carisma de Pedro era avassalador. Ficar próximo dele despertava em André um sentimento de servilismo cego e orgulhoso, sem pensar nas suas ações e consequências. O sentimento de cumprir com aquilo que lhe foi designado, até a morte, sem questionamentos. Essas eram as impressões de André quando estava ao lado de Pedro. O médium recebia também outros irmãos vítimas do conflito.

As semanas foram passando e Pedro foi melhorando aos poucos, quando Maria precisou se afastar da casa por motivos particulares.

Dois meses se passaram e a médium regressou para mais um dia de trabalho. Era a última vez que iria frequentar o GECC. Estava de mudança para outra cidade e não poderia mais frequentar o grupo.

Nessa última noite, ele voltou com toda a sua volúpia e, finalmente, após quase uma hora de diálogo, teve condições de ser encaminhado. Sua mãe, que 'incorporava' na médium para ajudá-la a se recuperar, terminou nos dizendo o seguinte:

– Aquela era a última hora. Estava dada a última oportunidade para alguns espíritos ainda enraizados no mal e, se não aproveitassem a última reencarnação, seriam removidos do orbe terrestre pela espiritualidade superior. A partir daquele ponto, eles não teriam mais como ficar no orbe de uma zona de transição, de expiação e de provas para um planeta de regeneração.

CASOS DIVERSOS | 77

Pedro e outros destacados membros da Alemanha nazista estavam reencarnando pela última vez, em diversas regiões da África, ainda vivendo em tribos e povos menores. Pedro, assim como muitos outros, tem o dom da oratória e da liderança. Espíritos como ele são capazes de dominar multidões e, naquelas regiões, as barreiras linguísticas e geográficas diminuem o poder de influência, restringindo a atuação desses espíritos à comunidade em que nascerão. Sua mãe iria reencarnar junto dele na tentativa de ajudá-lo. Ambos se foram.

53. O PRISIONEIRO

Num período de comunicações muito intensas de líderes das trevas, surge esse espírito com uma comunicação muito marcante.

Ele estava preso no calabouço de um castelo em alguma região umbralina, segundo sua própria narrativa. Não sabia porque estava lá. Tudo que conseguia ver era através de uma pequena janela feita na parede.

Certo dia, um exército de soldados vestidos de branco, altos, portando lanças compridas, subiu a rampa de acesso, cercou e invadiu o castelo. Aqueles que o defendiam lutaram o quanto puderam contra os invasores, mas, por fim, eles derrubaram as portas e entraram. Uma grande batalha aconteceu dentro dos muros e, conforme os soldados brancos avançavam dentro da fortaleza, iam destruindo as paredes e destravando os portões, libertando todos os que estavam presos. Aquele espírito era um dos últimos que tinham ficado por lá e

78 | Casos Notáveis de um Grupo Mediúnico

chegou junto com um grupo. Ele não sabia porque estava lá e não se lembrava do próprio nome. Não sabia quem eram aqueles que os libertaram. Depois do atendimento, ele e seu grupo foram levados. O grupo do exército dos soldados vestidos de branco seria um dos grupos das Legiões de Maria, conforme narrado no livro *Memórias de um suicida*?

54. Olavo

Olavo veio ao GECC por quase três meses e vinha duas vezes por semana.

Era o supremo líder de um grupo das trevas e sua presença na casa era realmente perturbadora e envolvente. Extremamente inteligente e de uma vivência extraordinária, foi para o GECC "tirar satisfações", pois o grupo que liderava estava se desfazendo pouco a pouco pelo trabalho de diversos grupos espíritas. Conversar com ele era extremamente difícil e suas comunicações demoravam quase uma hora.

Segundo a vidência de outro médium, Olavo não estava diretamente presente. Ele se fechava dentro de uma caixa e, através de uma ligação dele com a caixa, conseguia entrar em sintonia com o médium e se comunicar. Dessa forma, nenhum fluido da casa entraria em contato com ele (seria para não desestabilizar o seu tão abalado perispírito?).

Durante o período em que ele veio, espíritos endurecidos e outros líderes trevosos também vinham, na tentativa de protegê-lo e dissuadir as atividades do grupo.

CASOS DIVERSOS | 79

No dia em que foi levado, sua 'caixa-armadura' tinha sido destruída e um espírito de muita luz, que se fez sentir por todos do grupo, veio pessoalmente buscá-lo. Olavo não acreditava que justamente 'aquele espírito' estava esperando por ele.

Olavo adormeceu em prantos em seus braços e foi levado.

55. O Soldado

Certa noite, chegou um soldado americano que havia morrido no Vietnã. Queixou-se de dores, muito sofrimento e da perda dos seus companheiros. Após o breve tratamento, ele perguntou se nosso grupo era a Cruz Vermelha e foi esclarecido quanto a sua nova realidade espiritual.

Depois de compreender a continuidade da vida e a imortalidade da alma, fez o seguinte comentário: "Meus Deus, se não morremos, de nada adiantou o que fiz. Não adianta matar, porque não morremos. Foram inúteis todas aquelas mortes em combate...é inútil a guerra".

Ele e seu grupo foram auxiliados e, depois, encaminhados.

(Veja-se, a propósito, o caso nº 14 – "O exército").

56. Mais Soldados

Durante a sessão mediúnica, foram recebidos vários soldados provindos de lugares diferentes. O primeiro deles chegou implorando ampolas de morfina, pedindo

80 | CASOS NOTÁVEIS DE UM GRUPO MEDIÚNICO

um pouco de alívio para a dor que o assolava. Era um soldado americano que caiu do helicóptero atingido no Vietnã e que ainda se arrastou por algum tempo antes de desencarnar completamente. Estranhou o grupo de socorro que o atendia, mas sequer questionou onde estava ou o que tinha acontecido com ele. O atendimento permitiu a reconstituição do seu períspirito e foi encaminhado para posterior atendimento.

Após a saída, o médium recebe outro soldado que estranhava a mudança brusca de ambiente. Ao ser trazido para o atendimento, vagava no meio de uma lama fétida. Quando lhe foi oferecida água, ficou feliz, porque fazia tempo que não bebia água limpa. Era obrigado a guardar a própria urina no cantil para beber, porque tinham envenenado os rios. Estava com a pele queimada e machucado. Perguntou se podia levar um pouco de água no cantil, mas foi esclarecido de que, a partir daquele momento, não precisava mais se preocupar com aquilo. Foram colocadas compressas e adormeceu na maca, levado em seguida pelos benfeitores espirituais para continuarem o tratamento.

Em seguida, outro espírito reclamando de muita dor. Estava muito machucado, vítima de uma avalanche provocada por um acidente com uma mina terrestre, que estava instalando em uma montanha. Era um americano que estava na Coréia. Estava com fraturas expostas e a com a cabeça aberta. Com auxílio da imposição das mãos do facilitador, o processo inicial de reconstituição do períspirito foi iniciado e a sua dor foi diminuindo. Foi colocado em uma maca e levado pelo atendente espiritual que o aguardava.

Finalizando o atendimento, o médium recebe um soldado alemão. Estava ereto, em posição de sentido, mexendo em suas mãos que sangravam. Seus ferimentos se resumiam aos braços e a sua mão estava em carne viva de tanto utilizar um rifle, mas o soldado parecia não se importar com isso. Seu trabalho era o de fuzilar aqueles que lhe eram enviados. Não questionava, apenas cumpria com o seu dever. Não queria deixar o posto e só deu ouvidos ao facilitador quando este afirmou que era um médico do regimento que tinha sido enviado para atendê-lo. Questionado se gostaria de deixar o posto para assumir outro trabalho, ficou com medo. Acreditava que aquela entrevista era alguma espécie de teste. O facilitador questionou se aquilo que ele estava fazendo não lhe causava nenhum problema. Ficou inquieto, receoso e comentou com medo que aquele trabalho não lhe fazia bem. Se possível, gostaria de trocar de função e o facilitador ofereceu outro trabalho no GECC, que aceitou de imediato. Indagou ao facilitador se ele sofreria algum tipo de punição por solicitar a troca de função. Perguntou também sobre seu fuzil e o uniforme, porque tinha que zelar por eles. Foi trazida uma cadeira de rodas, mas recusou, porque tinha condições de ir andando, e foi levado por uma jovem enfermeira que o acompanhava.

O atendimento desses espíritos na casa espírita revela os porquês do trabalho de intercâmbio espiritual. O processo de recuperação do perispírito acontece ao longo da própria sessão, utilizando-se fluidos mais densos do médium, dos facilitadores e dos médiuns de apoio (ver, também, o caso nº 14 – "O exército").

82 | Casos Notáveis de um Grupo Mediúnico

57. O Crucifixo

O espírito se comunica com muita angústia e preocupação e descreve que se encontrava em uma estrada de lama. O céu estava cinza escuro, carregado de nuvens e alguns clarões de relâmpagos entre as nuvens. Ele estava lá imóvel, imobilizado na lama. Olhava para os lados e nada via de diferente, apenas algumas pedras em volta do caminho de lama. Ao lado, campos de terra marrom e mais terra marrom com uma serra montanhosa bem escura ao fundo. O tom das rochas se mesclava com o céu tempestuoso.

Imobilizado, observava um ser cadavérico se aproximando pela estrada, mas que nunca chegava. A criatura mais se assemelhava a um boi caminhava em sua direção a passos lentos e, a cada passo, mais medo e angústia ele sentia. Sentia medo e queria sair dali, correr, mas estava imóvel. E, a cada instante, a criatura se aproximava mais, numa velocidade lentamente agonizante.

Conforme a criatura se aproximava, maior era o seu medo e não sabia mais o que fazer nem o que aconteceria com ele, quando aquele ser se aproximasse. Não tinha mais esperanças. Não tinha mais o que fazer e, numa busca desesperada, tentou se arrastar utilizando os braços e tateando a terra em volta, em busca de alguma coisa que pudesse ajudá-lo a sair daquela situação...

Tateando suas vestes sujas e rasgadas, confeccionadas com um grosseiro tecido, encontra um pequeno crucifixo de madeira talhada com a figura do Cristo em relevo... Não tinha ideia do que era aquilo, nem para

CASOS DIVERSOS | 83

que servia, mas pediu intensamente segurando aquele desconhecido objeto, para que dali pudesse sair. Foi quando seu despertar aconteceu dentro do centro. Desprovido de qualquer lembrança, tinha apenas, na memória, a imagem da criatura cadavérica se aproximando enquanto se encontrava preso na lama... e a lembrança de pedir para que pudesse sair dali... Passados alguns minutos, enquanto se recobrava das emoções, perguntou quem o tinha tirado daquele lugar.

– Foi uma equipe de socorro que ouviu o seu chamado.

O espírito, em silêncio, contemplava a nova situação em que se encontrava, ainda envolto na perturbação dos momentos que vivenciara anteriormente.

– O que era aquele objeto de madeira? Aquela cruz? Quem era a imagem do homem que estava no crucifixo? O que era aquele objeto?.Perguntou o espírito.

– É Jesus – respondeu o dialogador.

– Jesus? Quem é Jesus?

– Jesus é aquele nos ama e foi através da sua equipe de socorro que Ele o retirou de lá.

Emocionado e em lágrimas de agradecimento foi colocado para adormecer e levado pela equipe espiritual.

Essa comunicação foi dada pelo mesmo médium (André) do caso 52 ("O general"). Note-se o esforço para que, além dos fatos próprios da mensagem, fossem também transmitidas as emoções associadas. Seria isso o ideal? O que você acha?

III. Casos da 'Emergência'

Contexto Geral

A doutrina espírita foi codificada por Allan Kardec, na França, na segunda metade do século XIX. Porém, foi no Brasil que ela teve seu grande desenvolvimento, especialmente por causa das obras de Francisco ('Chico') Xavier.

O Brasil é hoje, sem margem a dúvidas, o maior país espírita do planeta. Os centros espíritas, espalhados por todas as partes do território nacional, existem em enorme quantidade. A literatura espírita é abundante e profícua. Os adeptos do espiritismo se encontram em todas as classes sociais, sem nenhum tipo de distinção quanto ao grau de instrução ou ao poder aquisitivo.

A doutrina espírita tem, como eixo fundamental, a reencarnação – a ideia de que nós todos tivemos muitas outras existências antes da atual. Esse passado, embora, como regra, não esteja diretamente acessível em nossa memória consciente, possui, segundo sustenta o espiritismo, direta e indiscutível influência nos fatos da vida presente. Essa influência ocorre, fundamentalmente, ao longo da formação natural e gradativa de nosso caráter, pois somos hoje, em maior ou menor medida, aquilo que

86 | Casos Notáveis de um Grupo Mediúnico

fomos antes – e da interação que mantemos ou podemos manter com as pessoas que conosco se relacionaram em nossas existências anteriores. Essas pessoas tanto poderão estar 'encarnadas' (vivendo na mesma dimensão da existência física a que pertencemos), quanto 'desencarnadas' (seres, entidades ou espíritos que estão em uma etapa ou momento de 'entre vidas físicas'). Ou seja: a interação em questão tanto poderá ser de ordem social, quanto de índole estritamente espiritual (mental).

Outro ponto central da doutrina espírita é a possibilidade de comunicação entre os espíritos encarnados e desencarnados. Essa comunicação ocorre através de um médium, encarnado, que possui algum tipo de aptidão ou vocação para captar os desejos e os pensamentos dos espíritos desencarnados. O médium, assim, funciona como uma espécie de veículo receptor ou transmissor das mensagens que os espíritos tentam enviar, desde a dimensão em que se encontram, para o mundo ou plano físico em que nós nos situamos.

O Método de Trabalho

O trabalho, que neste texto se expõe, representa parte das atividades de um centro espírita localizado na cidade de Campinas. Como já foi mencionado, o centro em questão existe desde a década de 1960. Outros vários trabalhos semelhantes e, inclusive, mais complexos, ali se realizaram ou ainda se realizam. O que aqui se apresenta, portanto, é apenas uma pequena parte de um todo que, considerado em seu conjunto, é bem mais abrangente.

CASOS DA 'EMERGÊNCIA' | 87

Esse trabalho ocorre uma vez por semana, sob a denominação de "emergência espiritual". É destinado a pessoas que comparecem ao centro em busca de auxílio para problemas que lhes estão a complicar seriamente a vida. Tais problemas podem ser de diferentes naturezas, mas, em geral, envolvem questões de relacionamento pessoal ou familiar. O objetivo central do trabalho, assim, é examinar e encaminhar tais situações dentro da perspectiva da fenomenologia espírita, utilizando, como instrumento, os fundamentos da doutrina kardecista, com os acréscimos e desdobramentos que a ela foram gradualmente sendo conferidos pelas obras e estudos desenvolvidos ao longo do século XX.

Inicialmente, na data designada, a pessoa ingressa na sala em que está reunida a equipe do trabalho. O ambiente já se encontra ali previamente preparado, buscando sempre se manter e estimular uma atmosfera de respeito e de pensamentos elevados. A pessoa se senta, recebe o tradicional 'passe magnético' – que, em resumo, é um rápido intercâmbio de energia que ocorre mediante a interposição das mãos da pessoa que o aplica – e, em seguida, retira-se do recinto. Principiam, então, as comunicações dos espíritos que, por alguma razão, estão vinculados à situação daquela pessoa em particular.

A EQUIPE

A equipe está constituída por sete pessoas, sendo quatro homens e três mulheres: um psicólogo – que é o diretor do trabalho –, um vendedor, uma artesã, uma

88 | Casos Notáveis de um Grupo Mediúnico

psicopedagoga, uma farmacêutica, um advogado e um químico. Três funcionam como dialogadores (doutrinadores) e têm, como tarefa principal, conversar com os espíritos, cujas ideias e pensamentos são transmitidos pelos médiuns. O número de trabalhadores, suas funções ou qualificações pode sofrer naturais variações, já que não existe um formato fechado ou definitivo a tal respeito.

Para realizar o seu trabalho, os dialogadores e os médiuns devem ter bom conhecimento das bases e fundamentos da doutrina espírita. Supõe-se igualmente que, em sua vida cotidiana, se comportem de acordo com a ética que a doutrina estabelece, sem o que perderiam a autoridade moral necessária para o bom desempenho de sua tarefa.

Nenhum dos integrantes da equipe recebe qualquer tipo de remuneração pela atividade ali desempenhada. Tampouco se cobra alguma forma de retribuição ou pagamento das pessoas que comparecem ao Centro.

A Narrativa

Os casos registrados foram resumidos por um dos médiuns integrantes da equipe. A sua escolha foi aleatória, sem pretensão de incorporar cunho científico ou de provar algum ponto de vista. Seu objetivo é somente procurar divulgar, para quem não esteja ainda familiarizado com o tema, uma pequena porção do labor espírita no Brasil. Aqueles que se interessem ou desejem aprofundar o seu estudo poderão seguramente conseguir obras dotadas de informação mais ampla e minuciosa.

CASOS DA 'EMERGÊNCIA' | 89

Servem como exemplo e recomendação para leitura, as obras *Diálogo com as sombras* e as que integram série "Histórias que os espíritos contaram", todas de autoria de Hermínio C. Miranda. Este capítulo deve, pois, ser compreendido por aquilo que efetivamente é: nada além de uma simples amostra da aplicação prática da doutrina espírita em uma casa espírita no Brasil.

58. O MERGULHADOR

A conexão mediúnica precisa se iniciar de alguma maneira.

Palavras, visões, sensações, pensamentos, algo sempre se faz necessário para que as recordações possam começar a fluir, transformando-se em uma história ou em um enredo consistente.

Nesse caso, o elemento de conexão foi a água. Chovia no dia dos trabalhos e o espírito disse algo como: "um bom dia para o rapaz [um jovem de pouco mais de 20 anos, por conta de quem o intercâmbio espiritual se iniciara]. Ele gosta muito da água".

– Por quê? – perguntou o doutrinador. – Era ele um navegador?

– Não – respondeu o espírito. – Ele nadava muito. Gostava de pescar com o arpão e também mergulhar no mar em busca de pérolas e outras preciosidades. Era esse o seu meio de vida. Na ilha em onde vivia, que ficava em um arquipélago constituído por outras ilhas com aldeias e pessoas semelhantes, era essa a forma de se conseguir

90 | Casos Notáveis de um Grupo Mediúnico

o sustento de todos os dias. O mar era a fonte primordial de sobrevivência das pessoas. Ele era, pois, um dos mergulhadores de sua aldeia, muito eficiente no que fazia. Talvez fosse mesmo o melhor de todos em seu grupo. O cenário informado pelo espírito se revelava tranquilo. A vida naquelas condições parecia, inclusive, possuir algo de paraíso, de paz, de segurança. Não existiam inimigos a combater ou problemas como fome ou doenças a enfrentar. Porém, se essa foi a encarnação que espontaneamente surgiu durante os trabalhos para exame, algo nela de muito grave deve forçosamente ter sucedido. E, efetivamente, assim ocorreu.

Como o espírito afinal esclareceu, essa vida não tinha sido o princípio nem tampouco o término do problema – ou seja, a trama começara em encarnações anteriores e seguiu em outras que lhe foram subsequentes –, mas foi naquela vida específica que se deu o ponto, o momento de inflexão que iria marcar sobremaneira a existência de todos os envolvidos, de modo a persistir o problema até os dias atuais. E, como a história demonstraria bem, as tragédias podem ocorrer sem guerras ou enfermidades: a postura pessoal, o comportamento frente às necessidades dos outros, a valorização sem medida de nossos próprios interesses, tudo isso pode definitivamente ser tão ou mais pernicioso que a violência física ou a decrepitude da saúde.

Foi isso, em resumo, o que se passou nesse caso cuja cronologia tinha algo como mil anos de distância no tempo.

O rapaz tinha duas esposas. Situação usual na sua comunidade, como parte dos costumes ou das regras não escritas.

CASOS DA 'EMERGÊNCIA' | 91

As duas não se gostavam. Tinham ciúme natural e, com frequência, se desentendiam sobre como dividir as roupas, os alimentos e os reduzidos espaços da casa. Ademais, cada qual tinha seus respectivos filhos para cuidar. As divergências se ampliavam igualmente nessa dimensão e não haveria mesmo como ser diferente. Brigavam sobre qual dos filhos iria, em certo momento, ter essa ou aquela coisa, possuir esse ou aquele brinquedo ou, mais importante, em tempos de carência – poucos, mas existentes –, ter a preferência nas roupas ou na comida. Os recursos não eram sempre os mesmos para todos. A divisão se fazia necessária, a renúncia era muito frequente. Existia, portanto, um equilíbrio constante e delicado a se administrar e a se preservar.

Nesse contexto, as regras não escritas estabeleciam que a precedência, natural e obrigatória, era da esposa mais antiga. Embora essa norma não fosse absoluta, pois ela poderia ser relativizada pelo chefe da família em certas situações especiais, ela era seguida quase sempre. Em tempos normais, na rotina habitual cotidiana, sua incidência estava fora de qualquer discussão. Seria possível – e essa era uma tarefa e um dever do homem – colocar limites à exploração da esposa mais recente pela esposa mais antiga, e nunca afastar ou anular os direitos naturais daquela e de sua prole no conjunto da casa e da família. O equilíbrio do núcleo familiar e, a partir dele, de toda a comunidade, dependia dessa premissa. A tranquilidade das pessoas estava, assim, fundamentalmente vinculada à observância estrita dessa antiga tradição, até porque fora dela que se logrou extrair a força e as soluções necessárias e adequadas nos tempos difíceis.

92 | Casos Notáveis de um Grupo Mediúnico

E assim as coisas seguiam, até que ocorreu o momento da mudança estrutural na relação familiar: a chegada ou o surgimento da terceira esposa. Não era normal ou usual para um homem daquela comunidade possuir três esposas. O que se presumia como certo e desejável é que, para um homem saudável, era importante casar, ou seja, ter pelo menos uma companheira formal. Afinal, um homem sem uma mulher certa iria, em alguma ocasião, buscar estabelecer relações carnais e, então, uma de duas coisas poderia ocorrer: ele o faria com uma mulher sem companheiro fixo ou com uma mulher já comprometida com outro homem. No primeiro caso, uma eventual gravidez teria a consequência de filhos sem um pai que por eles fosse assumidamente responsável; por isso, toda a comunidade deveria sustentá-los. No segundo, haveria a possibilidade de sérios conflitos entre filhos ilegítimos e os homens envolvidos na disputa por uma mesma mulher.

A um homem era, portanto, conveniente que se unisse oficialmente a uma mulher. Ou melhor, que se unisse a duas mulheres. Assim, se uma delas morresse ou não estivesse em condições de gerar filhos, a outra poderia compensar a situação. Todavia, possuir três esposas era visto como demasiado. O homem teria que se fazer completamente responsável pelas três, o que era uma tarefa complicada em uma comunidade com recursos limitados. Mas não existia, a tal respeito, vedação explícita ou proibição clara. Por outro lado, entendia--se que isso seria admissível se, por exemplo, uma das duas esposas originais estivesse enferma, caso em que a terceira assumiria suas tarefas e o encargo de cuidar

CASOS DA 'EMERGÊNCIA' | 93

de seus filhos, dos filhos da doente, assim como desta própria. No caso, nada disso se passou. A terceira mulher era jovem e formosa. O rapaz se encantou por ela. Houve, entre ambos, uma paixão genuína. As duas primeiras esposas representavam, para o rapaz, somente uma união de conveniência. Eram esposas 'sociais'. Já a terceira era para ele algo bem diferente.

Os dois se casaram. Mas o matrimônio se consumou em um contexto que gerou claro desconforto na comunidade e protesto silencioso, se bem que contundente, das esposas originais. O rapaz, contudo, era influente, suas habilidades eram admiradas e o chefe da aldeia não tinha a energia ou a disposição necessária para reagir contra um fato que se percebia como errado. De modo que as coisas se acomodaram e a vida seguiu adiante.

Algum tempo passou, a situação, como era intuitivo, foi se deteriorando. O rapaz teve filhos com a terceira esposa, os quais passaram a receber um tratamento privilegiado frente aos seus irmãos. As facilidades na casa e as melhores opções eram sempre para eles. A terceira esposa, ademais, passou gradativamente a ter claras preferências em relação às outras duas mulheres, em transgressão direta e evidente à tradição histórica da comunidade.

A terceira esposa não era má pessoa. Mas era jovem, inexperiente e vaidosa. A inusitada preferência do marido a deslumbrou. Aos poucos, começou a pensar que aquela situação, que todos na comunidade encaravam como anomalia e manifesta injustiça, seria, na realidade, um direito seu. Estava convencida de que se seu marido, o homem, o chefe da família, resolvera prestigiá-la, ela

94 | Casos Notáveis de um Grupo Mediúnico

sem dúvida o merecia. Afinal, era mais jovem e mais bonita e seus filhos, pensava, seriam melhores e mais fortes. A revolta e a insatisfação das duas primeiras esposas, porém, atingiram o ápice. Perceberam que estavam sendo deixadas de lado e, pior ainda, que seus filhos iriam compartilhar essa má sorte, o que para elas era inconcebível. Deixaram de ser adversárias e se uniram contra a inimiga comum. Foram reclamar do comportamento de seu marido junto ao chefe da comunidade, dele exigindo que fossem devidamente observados os seus direitos de precedência. Isto era raro, mas a situação também o era. As reclamações não surtiram resultado, pois o chefe, como visto, não possuía a força nem a autoridade moral que a gravidade do problema indiscutivelmente exigia. Por isso, a situação das duas esposas e de seus filhos ficou pior do que já estava. O marido passou a desprezá-las ainda mais e a terceira esposa, sentindo-se fortalecida, abandonou de uma vez toda e qualquer diplomacia, passando a tratá-las como verdadeiras subalternas.

Para as duas mulheres, tudo isso era demais para suportar. Sentindo que nada mais tinham a perder, engendraram, juntas, algo impensável. Assassinaram a rival e seus filhos.

O rapaz quase enlouqueceu de raiva e de dor. Exigiu que suas esposas fossem submetidas às duras penas que os costumes estabeleciam para o crime: execução com requintes de crueldade. Assim se fez: as duas foram duramente espancadas e, em seguida, ainda vivas e com os corpos repletos de feridas abertas, penduradas lado a lado em um alto penhasco que ficava de frente para

CASOS DA 'EMERGÊNCIA' | 95

o mar, de forma que ali agonizassem e vagarosamente morressem sob a luz e o calor do sol escaldante.

Os filhos das duas esposas penalizadas sobreviveram e seguiram sob a dependência do pai, mas este lhes tinha tanto desapreço, que eles foram sendo deixados à míngua com o passar dos anos, vindo todos a perecer em tristes condições.

A tragédia não produziu efeitos apenas no âmbito do círculo familiar. Toda a comunidade se viu afetada. A violação das regras pelo marido tinha sido evidente: emparedado entre o dever e o coração, o rapaz seguira o coração e abandonara o dever e, quanto a isso, não houve qualquer reprimenda. Mas a reação das mulheres, que aos olhos de todos estavam sendo tratadas de modo injusto, foi punida com todo o rigor possível. A incoerência era muito clara para ser ignorada. O equilíbrio comunitário, baseado em um pacto social formado por costumes antigos, rompeu-se e nunca mais se recompôs.

O marido de então é o jovem encarnado de hoje. Seus antagonistas principais são os espíritos das duas mulheres executadas. Todos os envolvidos no drama descrito voltarão a compartilhar um mesmo núcleo familiar, com deveres a cumprir, renúncias a suportar, obstáculos a vencer e contradições a superar. Receberão, assim, uma valiosíssima oportunidade de corrigir seus erros anteriores, construindo nova relação baseada no respeito recíproco, na afeição sincera, na superação das diferenças e no perdão dos desajustes e fraquezas do passado. Sua história, portanto, ainda está em plena construção.

96 | Casos Notáveis de um Grupo Mediúnico

59. Os Visigodos

– Ele era um deles!

A afirmação, nesses termos feita pelo espírito ao dialogador, já denunciava a presença do tema tradicional: a pessoa que comparecera ao Centro possuía alguma sorte de dívida com o espírito comunicante, a qual seria proveniente de uma existência conjunta anterior.

– Eles quem? – perguntou o dialogador.

– Ele era um dos integrantes do grupo que nos traiu. Um daqueles que nos abandonaram à nossa própria sorte. Um dos responsáveis pela perda de nossas famílias, pela destruição das nossas casas, pelo assassinato de nossos filhos e pela violação e escravização de nossas filhas e esposas.

O resumo adiantado do enredo comprovava a suspeita inicial, bem como a extrema seriedade do problema.

– Impossível perdoar ou esquecer algo assim – prosseguiu o espírito. – Uma traição como essa nunca poderá ficar sem o devido castigo.

Percebendo que o espírito falava sempre no plural, o dialogador lhe perguntou quem eram as outras pessoas envolvidas na situação.

– Nós todos e eles todos. Nossos clãs e o clã deles. Nossa tribo e a tribo deles. Todos estavam lá, e todos eles são igualmente responsáveis pelo que nos sucedeu.

– Mas se eram tantos os responsáveis – questiona o esclarecedor –, por que você está vinculado especificamente a esta pessoa? O que ocorreu com os demais?

A indagação buscava conduzir o espírito ao centro do problema: algo devia haver para que, em uma trama

Casos da 'Emergência' | 97

complexa como a que ele estava revelando, seu desejo de reparação se houvesse concentrado apenas no indivíduo presente na casa espírita.

Esclarece o espírito:

– Porque este foi o que eu localizei. Seus companheiros, não sei mais onde estão. Alguns encontrei em outros tempos, mas agora me escapam. Conseguiram fugir ou ocultar-se. Não importa. A esse aqui eu tenho bem enredado. E por nada permitirei que ele se vá.

O doutrinador percebe que a história devia ser antiga: se eram tantos e se, aparentemente, a maioria não estava mais no caso, provavelmente deveriam ter encontrado já o seu caminho, ou seja, lograram superar o problema, desvinculando suas pessoas do passado cármico que ainda estava aprisionando o espírito e o encarnado. Tentou, então, abordar este mesmo aspecto por outra perspectiva:

– Sim, mas e os seus próprios companheiros? Os membros do seu clã, onde estão agora? Eles também estão aqui hoje? E a sua família? Você os tem visto recentemente? Sabem o que estão fazendo ou onde estão?

– Faz muito tempo que eu não tenho notícias deles. No princípio, estávamos todos juntos, e juntos perseguíamos a nossa vingança. Mas meus companheiros foram desaparecendo... Minha família, não vejo desde aquela época... Talvez tenham se perdido ou estejam ainda aprisionados em algum lugar... De todo modo, a responsabilidade que se cobra é a mesma, e é só para isso que eu estou aqui. O restante não me interessa.

O doutrinador insiste:

– E se eu te dissesse que você poderia rever sua família? – a ideia era tentar desviar ou debilitar a clara ob-

98 | Casos Notáveis de um Grupo Mediúnico

sessão que o espírito possuía em relação ao encarnado, mudando o foco da memória má ou de sofrimento para outra que se supõe seja boa ou agradável. Mas logo se nota que a estratégia não terá êxito facilmente. – Eu não acreditaria em você. Ademais, o que você tem a ver com isso tudo? Por que está tão interessado nele? Você era um deles, também? Não, não pode ser, eu te haveria reconhecido... Mas, então, por que você está tentando protegê-lo? O que você ganha com isso? Essa atitude do espírito é bastante frequente: custa aos obsessores entenderem porque aqueles encarnados estão a usar o seu tempo e a sua energia em favor de alguém que pouco ou nada conhecem, bem como a razão pela qual se envolvem em assuntos complicados que não lhes dizem respeito. A explicação usual – "esta é a nossa tarefa, a fazemos porque desejamos auxiliar o próximo e, assim, evoluir também, seguindo os ensinamentos do Cristo" – dificilmente os convence a princípio, o que igualmente se passou neste caso.

O doutrinador percebe que o espírito tem que narrar a sua história e o estimula, então, a fazê-lo.

O episódio por ele contado se passou em alguma parte da Europa Ocidental, por volta do ano 500.

A desarticulação do Império Romano do Ocidente produziu um estado generalizado de grande confusão e insegurança. Séculos de estabilidade política e social haviam se encerrado. Os antigos parâmetros de convivência já não existiam mais. Nesse contexto, as comunidades sobreviviam da melhor maneira que conseguiam: algumas, mais fortes e organizadas, buscavam criar as suas próprias regras, apostando em um futuro melhor a longo prazo. Mas as coisas podiam sempre mudar rápido e sem aviso: uma peste, uma seca, uma guerra e anos ou até mesmo décadas de esforço poderiam ser destruídos em poucos dias.

Um dos povos que conseguiu se estabelecer de modo estável foi o dos visigodos. Mas isso levou tempo. No começo, os choques com os povos vizinhos eram frequentes, porque as fronteiras não existiam: o território seria de quem o conseguisse conquistar.

O espírito vivia, então, numa tribo situada nas fronteiras do domínio visigodo. Sua comunidade e sua família prosperavam e as expectativas eram boas. Em resumo, ele era feliz: mais feliz do que muitos poderiam esperar ser, naquele tempo.

Assim estavam as coisas, quando chegou uma notícia que iria mudar tudo. Uma grande invasão de outro povo – os alanos ou os vândalos, ou talvez uma combinação desses dois povos – se aproximava. Do que esses povos se afastavam ou porque eles se acercavam, não estava claro, mas era certo que não se deteriam facilmente.

O fato de uma invasão, em si, não era novo, mas a intensidade era distinta daquela vez. O número dos invasores superava o que os visigodos daquela área poderiam reunir para a sua defesa. Tampouco havia tempo suficiente para organizar uma retirada calculada e, ademais, milhares de pessoas tinham suas vidas ali desde muito antes e não queriam, de repente ou sem mais, abandonar tudo o que haviam construído à custa de vários anos de muito sacrifício.

As discussões entre os chefes das várias tribos foram difíceis. O tema era complexo, delicado e, fosse qual

100 | Casos Notáveis de um Grupo Mediúnico

fosse a linha de conduta ou a deliberação que se viesse a adotar, era certo que inúmeras vidas e propriedades se perderiam. Mas o tempo era escasso e uma decisão necessitava ser urgentemente tomada. Afinal, conseguiu-se chegar a um consenso: eles iriam resistir e combater os invasores.

Para tanto, recrutaram-se todos os guerreiros disponíveis e foi adotada uma estratégia específica, cujo sucesso iria fundamentalmente depender do sacrifício e do compromisso de todos. A chave da estratégia residia precisamente em um esforço conjunto, sem o qual a ideia mesma de resistência não teria sentido concreto. O plano central elaborado estava baseado na formação da tropa no campo de batalha.

Pelos antecedentes conhecidos, os invasores iriam chocar-se com toda a sua força contra as linhas frontais dos defensores, com o objetivo de desarticular a resistência no menor tempo que lhes fosse possível. Para tanto, contavam com a clara vantagem do número e a decisão de quem tinha pouco ou nada a perder, pois vinham de péssima situação em seu lugar de origem. Essa desarticulação rápida possuiria, ademais, o objetivo de evitar que o posterior cansaço dos atacantes a estes desanimasse ou, ainda, desse aos defensores tempo para alguma sorte de surpresa ou de tirar proveito do terreno que eles conheciam muito bem e melhor.

Mas se essa era a estratégia esperada dos atacantes, a estratégia de defesa teria que, naturalmente, operar de modo inverso: eles deveriam resistir ao embate inicial da melhor maneira e pelo máximo de tempo que lhes fosse possível. E, para tal finalidade, a escolha intuitiva

CASOS DA 'EMERGÊNCIA' | 101

estava em colocar os melhores soldados nas primeiras linhas da formação.

Porém, era exatamente nesse ponto que residia a estratégia central, alvo do tema principal das discussões anteriores: como a vantagem numérica dos invasores era demasiada, concluiu-se que as primeiras linhas iam cair de qualquer maneira. Sendo esse o panorama, a colocação dos melhores soldados ali não seria vantajosa. Melhor seria colocá-los no centro da formação, de maneira que, passada a confrontação inicial, pudessem enfrentar a inimigos que, embora superiores em número, estariam cansados ou feridos pelo combate travado com os soldados das primeiras linhas.

Mas, para que o plano tivesse êxito, a resistência das primeiras linhas continuava sendo de fundamental importância. Sim, elas iam cair. Muitos dos que nelas estivessem seguramente iam morrer. Mas isso devia cobrar o máximo de tempo e esforço possível aos atacantes. Se o enfrentamento inicial fosse breve, à energia e ao número dos atacantes se somaria o estímulo moral da visão de vitória fácil e tudo então estaria, para os defensores, completamente perdido.

Assim, bem entendidas e postas as coisas, a tropa se organizou. Nas primeiras linhas, posicionaram-se guerreiros provenientes de comunidades ou povoados mais distantes, que se presumia estavam bastante conscientes de sua crucial missão e enorme responsabilidade. Do centro para trás, estavam os habitantes dos povoados ou tribos mais próximas. Sua colocação ali fazia todo sentido: se a batalha se perdesse, suas terras e famílias seriam as primeiras a sofrer. Possuíam, portanto, mo-

102 | Casos Notáveis de um Grupo Mediúnico

tivos fortes e de sobra para lutar até a morte e nenhuma dúvida existia sobre o fato de que eles procederiam mesmo daquela forma.

Os soldados se colocaram, então, todos no campo a esperar. Passado algum tempo, o inimigo se apresentou à sua vista. Eram muitíssimos: os números iniciais informados, se bem que já fossem elevados, estavam subestimados. Além disso, os guerreiros do exército invasor pareciam ainda mais dispostos e ferozes do que se esperava. Vendo que a situação não era bem aquela antes presumida, os combatentes das primeiras linhas começaram a abandonar o campo de batalha, um após o outro, alguns inclusive largando ao chão as suas armas.

O espírito em pauta estava no centro da formação. Ele e seus companheiros imediatamente perceberam o que ia ocorrer. A batalha estava antecipadamente perdida. Seriam massacrados. A deserção prematura dos integrantes das primeiras linhas tornara impossível qualquer resistência exitosa. Eles iriam todos perecer e suas famílias teriam o destino que aguardava a todas as famílias em uma situação como aquela: os meninos seriam assassinados, as meninas e as mulheres seriam violadas e escravizadas ou assassinadas, também. Não existia esperança alguma de nada diferente.

O espírito e seus companheiros lutaram com todas as suas forças até a morte. Não cessaram de combater enquanto tivessem ainda alguma mínima energia. Cada inimigo que derrubassem, pensavam, seria um a menos para torturar suas famílias. O resultado, contudo, foi aquele já esperado.

Casos da 'Emergência' | 103

O encarnado de hoje, como se pode intuir, era um dos integrantes das linhas frontais, conforme que se explicava a situação atual que a ambos envolvia.

Concluída a narrativa – estando clara a conexão espiritual e, com ela, a raiz do problema –, o doutrinador voltou a argumentar:

– Veja, tudo isso ocorreu faz já muito tempo. Desde então, seguramente, outras coisas importantes se passaram tanto para você quanto para ele... A prova disso é que seus companheiros não estão aqui hoje, tampouco estão os companheiros de nosso irmão. Se a situação não houvesse se transformado, estariam todos ainda a lutar, não é verdade? Mas já não é assim. Eles mudaram sua situação e você também pode fazer isso, somente depende da sua vontade, de nada mais.

Mas o espírito não parecia convencido.

Nesse momento, o doutrinador percebeu que, na realidade, alguns dos antigos companheiros do espírito estavam, sim, presentes no recinto. Não, porém, na condição de antagonistas ou de obsessores, mas como amigos fraternos dispostos a colaborar para o arremate daquela situação que durava já mil e quinhentos anos. Comentou, então:

– Parece que há por aqui alguém que gostaria muito de falar com você... Você pode percebê-los?

– Sim, eu os vejo... – responde o espírito. – "Estão diferente, mas com certeza eu os conheço...

– Quem são?

– Meus companheiros... oito deles... e parece que existem outros mais...

– E o que estão dizendo?

104 | CASOS NOTÁVEIS DE UM GRUPO MEDIÚNICO

– Que se eles conseguiram perdoar, eu também posso conseguir... Que, em uma vida anterior àquela, nós havíamos atacado um povoado onde viviam os companheiros das linhas frontais... Que isso enfraqueceu, neles, sem que eles mesmos compreendessem inteiramente a razão, sua vontade de nos defender, de entregar sua vida por nós... Que esse ciclo pode e deve ser quebrado...

Nesse ponto, percebeu-se o núcleo da trama que se estava a examinar: os defensores tinham dívidas anteriores a ajustar entre eles. Nesse contexto, àqueles das primeiras linhas se apresentou uma oportunidade única: se cumprissem seu dever de resistência, os defensores do centro se sentiriam eternamente seus devedores, ainda que o resultado final da batalha fosse desfavorável. O grande desafio que possuíam os primeiros estava em vencer o ímpeto natural de fugir para sobreviver. Esse ímpeto era ainda mais intenso por conta da memória inconsciente do passado. Se fosse superado, o círculo de raiva e vingança teria terminado ali. A sua fuga fez com que o problema se agravasse e perdurasse por vários séculos.

O testemunho e os esclarecimentos de seus companheiros lograram convencer o espírito, que partiu com eles, terminando, finalmente, o vínculo cármico com o indivíduo encarnado.

Veja-se, a propósito, o livro *A caminho da luz*, ditado pelo espírito Emmanuel a Francisco Cândido Xavier, e *A extraordinária vida de Jésus Gonçalves*, escrito por Eduardo Carvalho Monteiro.

60. A Sacerdotisa

A mulher de cujo caso se tratava não podia comparecer pessoalmente ao centro espírita. Tinha por volta de 60 anos de idade e havia sido diagnosticada com graves distúrbios psíquicos que a impediam de ter uma vida normal, inclusive não permitiam que ela saísse de sua casa com facilidade.

Assim, quem por ela comparecia era seu filho. Através dele, buscava-se estabelecer uma conexão com a situação espiritual da mãe, de modo a tentar identificar a raiz do problema e, com isso, investigar alguma possível solução.

Como de costume, foi ministrado o passe, oferecido o tradicional copo d'água e, após a retirada do paciente da sala, principiou-se o intercâmbio com o plano espiritual.

Em uma situação delicada e complexa como aquela, era natural esperar que ocorressem comunicações violentas, provenientes de entidades revoltadas ou perturbadas, diretamente sintonizadas com a matriz do problema cármico trazido para avaliação.

Não foi isso, porém, o que ocorreu com o primeiro espírito que se manifestou. Ele estava tranquilo. Não aparentava nenhum desequilíbrio emocional. Limitou-se calmamente a indagar, em tom de curiosidade, o que nós estávamos querendo fazer com a 'sacerdotisa'. Perguntado a ele quem seria tal pessoa, respondeu que se tratava precisamente da mãe da pessoa presente no centro, iniciando-se um diálogo que, em suas linhas gerais, está reproduzido abaixo:

– Mas ela era uma sacerdotisa onde? Isto já faz muito tempo não?

106 | Casos Notáveis de um Grupo Mediúnico

– Muito tempo, sim... mais de mil anos atrás... Mas as consequências ainda estão presentes.

– Você a conhece desde aquela época?

– Sim. Éramos uma comunidade organizada e próspera, vivendo do que a natureza nos propiciasse. Tínhamos nossos líderes, mas quem realmente determinava os rumos a tomar era a grande sacerdotisa.

– E ela tinha essa função então?

– Sim. Quando jovem, ela foi escolhida para ser auxiliar da sacerdotisa principal e, desta maneira, ser iniciada nos fundamentos da nossa religião, na comunicação com os espíritos, no culto às divindades. Começou a participar do ritual dos sacrifícios, que aconteciam cerca de duas vezes por ano. Ela gostava muito disso.

– Como eram esses sacrifícios?

– Havia oferenda de animais, mas os sacrifícios principais, aqueles que realmente importavam, eram os sacrifícios de seres humanos. Normalmente de jovens mulheres que se apresentavam como voluntárias para tanto. Oferecer-se para ser sacrificado era uma honra, tanto para a pessoa quanto para sua família. Era um ato de devoção e renúncia, um momento de entrega pessoal para o bem de toda a comunidade. Imaginava-se que o sangue e a vida da pessoa sacrificada fossem enriquecer o patrimônio espiritual de todos, a começar pelo seu núcleo familiar direto. Não era algo triste: na verdade, era um momento de alegria e regozijo. E a grande sacerdotisa era a responsável por todo o ritual, durante o qual era acompanhada e assistida pelas suas discípulas que, assim, iam gradualmente se preparando para, em algum momento, assumir o seu lugar.

Casos da 'Emergência' | 107

– E a nossa irmã, então, assumiu essa função?

– Ela passou vários anos na condição de aprendiz. Destacou-se bastante, conseguiu a preferência pessoal da grande sacerdotisa, posicionando-se como sua sucessora natural. Era especialmente atraída pelo ritual do sacrifício. Estava impaciente para poder logo assumir a função principal e, com isso, comandar direta e pessoalmente as cerimônias. Quando finalmente chegou a sua vez, as coisas começaram a mudar.

– Mudar como?

– Para ela, a rotina até então utilizada não era suficiente. Ela queria ter mais poder. A possibilidade de sacrificar seres humanos, de definir a vida ou a morte das pessoas, era algo fascinante para ela. Mas, da maneira como ocorria ali, ela na verdade não tinha tal poder: os sacrifícios eram poucos e as pessoas que seriam sacrificadas passavam meses ou até anos se preparando para isso, pois eram selecionadas com bastante antecedência. Ou seja, o sacrifício, além de ocorrer raras vezes ao ano, era somente uma última etapa de um procedimento anterior, em que ela, a rigor, pouco ou nada interferia.

– E ela modificou isso?

– Sim. Começou aumentando a frequência com que os sacrifícios ocorriam. Ao invés de duas vezes ao ano, quatro, cinco e até seis vezes. Para ela, tudo era motivo para a realização de sacrifícios. Se as colheitas eram boas, o sacrifício era necessário para agradecer aos deuses. Se eram ruins, ela interpretava que não tinham ocorrido mortes suficientes e, portanto, era necessário aumentar a quantidade de sacrifícios. Mas, por conta desse incremento no número de execuções, os voluntá-

108 | CASOS NOTÁVEIS DE UM GRUPO MEDIÚNICO

rios começaram a escassear. Não havia mais tempo ou oportunidade para efetuar um procedimento adequado de escolha e preparação. E, sem voluntários, as pessoas que iam ser sacrificadas tinham de ser trazidas à força. O ato do sacrifício deixou de ser uma oferenda, passando a assumir um caráter de punição. Deixou de ser um momento de regozijo, para se transformar em um drama pessoal, em um momento de revolta e perplexidade para os sacrificados, suas famílias e amigos.

– Que coisa triste, não?

– Pois ficou ainda pior. A partir de certo momento, ela começou a dar preferência ao sacrifício de crianças, argumentando que o sangue delas seria mais puro e, portanto, poderia produzir resultados melhores e mais imediatos. Tanto insistiu e perseverou nesse ponto que, passados alguns anos, a paciência da comunidade se esgotou e ocorreu algo impensável: o assassinato da grande sacerdotisa e de suas auxiliares.

– E qual era sua relação com ela?

– Eu tive familiares que foram sacrificados a mando dela.

– E isso te atormenta até hoje, mesmo transcorridos tantos anos?

– Atormentar? Não. Já passou muito tempo, meu ódio ficou para trás. Não vou dizer que a perdoei, isso não seria verdade, mas tampouco me animo a seguir perseguindo vingança. Ela me é indiferente agora.

– Mas, então, por que você segue ligado a ela?

– Para organizar a situação.

– Como assim?

– Veja, ela tem vinculados a si, hoje, mais de trinta espíritos oriundos daquela época. Eles se cruzaram

CASOS DA 'EMERGÊNCIA' | 109

todos em encarnações posteriores, mas a coisa pouco avançou ou melhorou. Eles estão ainda revoltados e bastante dispostos a prosseguir com sua atitude de retaliação. Por nada irão se distanciar dela. O que eu faço, então, é tentar organizar os ataques deles, de modo que não acabe 'sobrando' para outras pessoas que não têm relação direta com o assunto, como, por exemplo, os atuais familiares dela.

– Mas da mesma maneira que você já está disposto a deixar esse assunto para trás, eles também não poderiam fazer isso?

– De modo nenhum. Tanto é assim que somente eu me apresentei aqui, hoje. Eles não virão. A abordagem que vocês estão tentando fazer será inútil. Talvez, com bastante insistência, vocês possam convencer, no máximo, dois ou três deles, mas não passará disso. Nesta vida, a situação dela é insolúvel. Não tem jeito.

Feitos esses esclarecimentos, o espírito seguiu o seu caminho.

Observação: o médium não conseguiu identificar precisamente a que época, lugar ou civilização o espírito estaria se referindo. Pôde apenas vislumbrar, desde o aspecto físico ou geográfico, um cenário algo desértico e, desde o prisma político, uma sociedade de índole matriarcal. Com base nestas poucas informações, situou o acontecimento na Ásia (possivelmente na região da Mesopotâmia), mais ou menos 2.500 anos antes de Cristo. Porém, essa avaliação não parecia adequada. O próprio espírito indicara um período mais próximo. E o médium também intuía que, se bem o drama narrado estivesse bastante distante no tempo, não parecia estar

110 | Casos Notáveis de um Grupo Mediúnico

tão distante, assim. Mas, à míngua de outros dados, essa acabou sendo a sua conclusão.

Anos depois, em viagem ao Peru, o médium travou contato com a riquíssima história das várias civilizações que nasceram e prosperaram naquele país, previamente à chegada dos espanhóis e antes mesmo do domínio inca. Diversas delas praticavam sacrifícios humanos. Uma, em particular, chamou-lhe a atenção: a cultura Lima, que teve seu principal desenvolvimento na região onde hoje está situada a capital do Peru, por volta do ano 500.[11] (*). Nela, havia sacrifícios de seres humanos, a sua organização política era de índole matriarcal e o aspecto físico da região também é similar àquele percebido pelo médium. Pareceu-lhe bastante coerente, assim, inferir que ali – ou por ali – se haveria passado a narrativa.

61. O Carcereiro

Esse espírito não estava envolvido com nenhuma das pessoas programadas para o trabalho daquele dia.

Ele surgiu de modo espontâneo. O que se pode supor é que a espiritualidade superior aproveita quando existe um médium eventualmente 'desocupado' para permitir comunicações de casos ou situações outras que igualmente estão a reclamar alguma sorte de atendimento ou orientação.

Começou o espírito sua comunicação dizendo:

---

[11] Veja-se, a esse respeito, o conteúdo disponível em: <http://huacapucllanamiraflores.pe/>.

Casos da 'Emergência' | 111

– O homem caiu no buraco.

Seguiu explicando que se tratava de um homem que estava caminhando pelo campo, em um lugar deserto ou isolado, quando caiu em um buraco de um velho poço que estava já completamente seco. Em sua queda, fraturou uma das pernas. A dor o impedia completamente de tentar sair. Ninguém havia por perto que o pudesse escutar ou socorrer. De modo que ele ali ficou, abandonado. Durante o dia, sofria com o calor. À noite, sofria com o frio. Isso durou quatro dias, até que veio a falecer de fome, de sede e de tantos incômodos que suportara.

Perguntou o doutrinador:

– Qual era a sua relação com esse homem? – ao que o espírito respondeu:

– Esse homem sou eu.

O espírito queria que alguém fosse buscar o seu corpo:

– Não faz sentido que eu permaneça ali – ponderou.

– Todas as pessoas têm direito a um sepultamento digno. Por qual razão eu deveria ser uma exceção?

O doutrinador argumentou que, a essa altura das coisas, seguramente não mais existiria um corpo físico a ser resgatado. Não havia motivo para que ele se preocupasse com isso.

Mas o espírito não parecia se convencer facilmente. Recorreu-se, assim, a um recurso bastante comum nesses casos: a regressão de memória, fazendo com que o espírito comunicante pudesse, através dela, compreender a conexão de fatos do passado com o núcleo do problema que o estava incomodando. Em outras palavras,

112 | Casos Notáveis de um Grupo Mediúnico

essa técnica busca permitir ao espírito verificar o quadro completo, o contexto integral de sua situação. O espírito se viu, então, no subterrâneo de um velho edifício. Estava claro que se tratava de uma prisão. Ele era o responsável por aquele setor ou aquela parte específica do lugar. Diversos presos estavam ali sob sua direta responsabilidade. Quase todos em péssimas condições, esquecidos em celas imundas. Passavam por todo tipo de privações. O carcereiro – que era, portanto, esse espírito – não os atormentava, mas tampouco lhes facilitava a vida. Nutria por eles fria indiferença, mesclada com certo prazer em contemplar a situação inferior e miserável na qual se encontravam.

Percebendo a conexão dessa época com a forma de sua morte em uma vida posterior, o espírito se apressou a protestar:

– Mas isso era diferente! Eu só cumpria o meu dever. Eu não prendia ou encarcerava ninguém. As pessoas eram, todas elas, mandadas para aquele lugar pelas autoridades legais, sobre as quais pesava a responsabilidade das sentenças ou da justiça ou injustiça de cada situação. Eu seguia ou fazia estritamente o que de minha função se esperava. Nada mais.

Perguntou o doutrinador:

– Mas você sentia prazer com isso, não?

– Claro! – respondeu o espírito. – Todos têm que gostar do seu trabalho. O que existe de errado nisso? Se uma pessoa tem de trabalhar, que o faça com a satisfação de quem possui um dever a cumprir ou uma tarefa a realizar. Porque eu deveria ser punido pelo simples fato de exercer uma profissão que era tão legítima quanto qualquer outra?

CASOS DA 'EMERGÊNCIA' | 113

A ele se revela, então, a simetria da coisa. Era verdade que ele não era o responsável pelo encarceramento das pessoas. Tampouco poderia ser responsabilizado pelas péssimas condições das celas. Não poderia ainda deixar de fazer com que os detentos cumprissem as penas a que haviam sido condenados e que se supunha houvessem merecido. Tudo isso era correto. Mas a sua indiferença para com eles piorava as coisas. A frieza prazerosa que demonstrava para com os prisioneiros os humilhava além do que seria justo ou necessário. Por outro lado, nada o impediria de, cumprindo estritamente o seu dever, ser generoso com as pessoas que estavam ali, sob sua guarda. Ou seja: o sofrimento delas era inevitável, mas ele poderia, se o desejasse, torná-lo menor. E o que ele fez foi precisamente o oposto disso.

Pois bem: na vida seguinte, ele se encontrou em situação de sofrimento atroz agregado à indiferença completa. Não houve ninguém que o empurrasse ou o atacasse: ele caiu no poço por sua conta. Tampouco estava o poço, ali, como resultado de alguma armadilha ou cilada. Foi mera 'coincidência'. Como também fora por mera coincidência que aquelas pessoas todas acabaram por estar sob sua responsabilidade na vida pretérita. E ele sofreu do mesmo modo que elas sofreram: sozinho, esquecido, sem auxílio ou compaixão. O objetivo: fazê-lo perceber como se sentem ou podem se sentir as pessoas em uma situação assim. O que se fez, em resumo, foi algo como ensinar-lhe a virtude da compaixão pela introdução do sofrimento. Completado, assim, o quadro, ele pareceu haver assimilado o contexto de sua situação e, nestes termos, pôde então ser devidamente encaminhado.

114 | Casos Notáveis de um Grupo Mediúnico

62. A Ladra

O caso a seguir foi revelado em dois dias seguidos. Inicialmente, não havia a intenção de registrá-lo. Porém, a forma como ele se deu acabou por justificar o seu registro, pois, de certa maneira, confirmou tanto a consistência das informações obtidas, quanto o resultado do trabalho.

No primeiro dia, o médium não prestou muita atenção na pessoa que ingressou para receber o passe. Apenas percebeu que se tratava de uma mulher ainda jovem. A cena que surgiu, quando principiaram as comunicações referentes ao seu caso, foi a de uma batalha campal. Mas não a batalha em si mesma, e sim o momento que ocorre quando tudo se acabou, ou seja, quando já está claro e definido o resultado e os exércitos rivais não estão mais a combater. A época parecia coincidente com as guerras do período napoleônico, ou seja, tratar-se-ia da Europa Central no início do século XIX ou final do século XVIII.

O campo estava repleto de cadáveres dos soldados e dos despojos da batalha. Por ali andavam pequenos grupos de pessoas que viviam do saque dos mortos. Segundo se podia intuir, essas pessoas não eram moradores da área ou gente relacionada com os combatentes, mas ladrões que tinham esse tipo de atividade como meio de vida. Assim, quando recebiam a notícia de que algum grande combate ia acontecer, colocavam-se de 'sobreaviso', sabendo que haveria coisas para saquear. Possuíam experiência no assunto, tendo ciência das dificuldades que teriam de superar: a hostilidade dos soldados dos

CASOS DA 'EMERGÊNCIA' | 115

dois lados – aos quais, como é natural, não agradava nada a ideia de que poderiam, eles próprios (ou seus dentes, anéis, colares, cabelos etc.), ser o objeto do saque –, assim como a competição com outros ladrões tão ou mais determinados e ousados do que eles, pois, em uma época de confusão e de muitas carências, cada um buscava sobreviver da melhor maneira que pudesse ou conseguisse.

A moça pertencia a uma quadrilha dessas, em que exercia funções de liderança. Ao que parece, era a sua forte personalidade que facilitava tal circunstância. O espírito que fez a comunicação era um dos integrantes de seu grupo, ele a acompanhava em busca de orientação. Entendia ele que, da mesma maneira que ela lhe indicara o caminho a seguir naquela época, poderia ou deveria igualmente fazer isso agora.

Foi explicado que a situação no momento presente havia mudado, que ela tinha outras tarefas ou prioridades para cumprir, mas a orientação de que ele precisava poderia ser obtida de outro modo. E o espírito foi encaminhado.

Um aspecto interessante: quando se disse ao espírito que, hoje, a sua antiga líder tinha uma vida diferente, ele objetou que não era bem assim. Segundo disse, ela ainda estaria à espera ou ao redor das batalhas para viver de seus despojos. Não seriam mais as batalhas campais de outrora, mas outro tipo de conflito, que ela poderia inclusive estimular, de modo a sacar proveito pessoal depois. Ou seja, ela seguiria sendo uma ladra, mas em contexto distinto ou em dimensão diferente.

Essa foi a primeira parte da história. A segunda veio na semana seguinte.

116 | Casos Notáveis de um Grupo Mediúnico

Aqui, o ponto interessante a destacar é que, nesse dia, o médium já não mais se lembrava da primeira parte surgida na semana anterior. Até porque houve, naquela ocasião, várias comunicações, de maneira que a história da 'ladra' foi somente uma dentre outras tantas. Ao principiar o intercâmbio, o espírito disse algo como: "essa menina perdeu a cabeça e ainda não conseguiu encontrar".

A cena inicial foi dramática: a cabeça da moça decepada pela guilhotina sendo exibida pelas mãos do carrasco, que a segurava pelos cabelos. A história: durante a época da revolução francesa, ela pertencia a uma quadrilha que saqueava casas abandonadas pelos nobres ou outras pessoas perseguidas, desaparecidas ou mortas. Aproveitavam a grande confusão e violência de então para extrair proveito material. Em uma dessas ocasiões, havendo ela sido surpreendida e presa pelas autoridades, delatou outros delinquentes, integrantes de quadrilhas similares à sua; com isso, evitou a sua própria execução. Não deu certo: foi executada assim mesmo, juntamente com os ladrões por ela delatados.

O espírito comunicante era um dos que haviam sido delatados e executados. Poder-se-ia, por conta disso, pensar que sua atual vinculação com a moça teria motivações de vingança, mas na verdade não era isso. Ele parecia saber bastante bem que, naquelas circunstâncias, um ladrão delatar outro era natural e previsível. Ele mesmo tinha feito isso mais de uma vez, inclusive externando, a tal respeito, um comentário deveras interessante: disse que estava arrependido, pois, se era certo que com a execução ele perdera sua cabeça, com as de-

CASOS DA 'EMERGÊNCIA' | 117

lações perdera sua dignidade. Passando ao plano espiritual, percebeu que a sua cabeça era fácil de recuperar, mas a sua dignidade, não.

Ele esclareceu, então, que, no período entre vidas, propuseram-lhe que voltasse a uma existência no plano físico, o que ele aceitou com alguma relutância. Essa nova existência não parece ter sido muito proveitosa. Quando desencarnou novamente, ele de algum modo localizou a moça em sua vida atual e se vinculou a ela, mais por razões de inconformismo com o contexto que lhe parecia injusto: em seu entender, ela teve, sem merecer, uma oportunidade de reencarnação em condições mais favoráveis do que aquelas que tinham sido oferecidas a ele. Explicou-se que a injustiça que ele vislumbrava não era real. Existiam variações nas histórias de ambos que justificavam as distinções verificadas. Nesses termos, logrou ser devidamente encaminhado.

Uma explicação final é necessária: o médium não percebera que a mulher que ingressara na sala era aquela mesma da semana anterior. Tampouco detectou alguma conexão entre as duas histórias, até porque a cena inicial da execução lhe parecera demasiado radical, quiçá, inclusive, algo fantasiosa. Mas ele sabia, por experiência, que o médium, como regra, e dentro dos limites do bom senso, deve tentar não censurar o conteúdo das informações que a ele se apresentam, falando, assim, aquilo que veja ou perceba, deixando a análise para depois.

Pois bem: quando o médium estava a narrar o caso para avaliação conjunta, outra médium da equipe perguntou: não é essa a mesma história da semana passada? Examinando o assunto, chegou-se à conclusão de

118 | Casos Notáveis de um Grupo Mediúnico

que eram duas partes de uma mesma história, ou seja, uma mesma encarnação revelada em duas etapas. A simetria, realmente, era perfeita: mesma época, mesmo país, mesmo contexto histórico, mesma atividade. Muita coisa junta para tudo ser resultado somente de mera coincidência.

Quanto ao centro da questão, parecia claro que a encarnada de hoje trouxera, para a existência presente, a mesma postura de se aproveitar dos problemas alheios para deles extrair proveito pessoal. Isto estava estimulando ou determinando conexões espirituais inadequadas. E, portanto, era esse o ponto contra o qual ela deveria lutar para modificar.

63. O Carrasco

O trabalho mediúnico em que aconteceu o fato a seguir não pertencia à rotina da emergência espiritual. Era, antes, um trabalho chamado de 'desenvolvimento', no qual o que fundamentalmente se busca é treinar os médiuns para o contato com os espíritos desencarnados, de modo que possam intuir os desejos e as necessidades destes e, assim, externar verbalmente (psicofonia) ou por escrito (psicografia) o que tais entidades queiram ou precisem, estabelecendo o intercâmbio de informações entre o plano físico e o plano espiritual.

No trabalho de desenvolvimento, também atua o chamado dialogador ou doutrinador, a quem incumbirá, sendo necessário ou conveniente, conversar com o desencarnado através do médium.

Casos da 'Emergência' | 119

Mas, apesar de não se tratar, a rigor, de um trabalho de intercâmbio espiritual mais complexo, não significa que também ali não possam surgir situações delicadas ou traumáticas para se administrar.

Foi o que se deu neste caso.

Um dos trabalhadores em treinamento percebeu a aproximação de um irmão desencarnado, que se colocou em condições imediatas de comunicação. O espírito, porém, parecia nada ter para dizer. O médium, pouco experiente, não sabia se devia intensificar o contato, verbalizando por sua conta alguma coisa – ou seja, como que 'forçando' o início da comunicação – ou simplesmente deixar a situação como estava. Na dúvida, nada fez.

Um dos dialogadores presentes, trabalhador antigo e bastante experiente, percebendo a situação, acercou-se do médium e estimulou a comunicação do espírito, cujo conteúdo, em suas linhas gerais, se reproduz a seguir:

– Eu não entendo por que você não quer falar – disse o esclarecedor.

– Não tenho nada para dizer – redarguiu o espírito.

– Mas se você veio até aqui, hoje, alguma coisa você deve ter para nos contar, não é mesmo? Senão você nem estaria aqui...

– Sim, mas acontece que eu não quero contar a minha história. Ela é muito triste.

– Talvez até por isso mesmo você devesse nos contar. Nós poderíamos te ajudar a superar o que aconteceu, pois está claro que, seja o que for, te incomoda bastante, não é?

– O problema é que, além de muito triste, a minha história não tem sentido.

120 | CASOS NOTÁVEIS DE UM GRUPO MEDIÚNICO

– Como assim?

– O que aconteceu comigo não tem explicação. Foi uma tragédia sem lógica e sem motivo. Uma tristeza enorme sem causa, uma angústia profunda sem razão.

– Tudo o que se passa conosco deve ter algum sentido ou alguma razão.

– Pois no meu caso, não tem. No meu caso não tem sentido algum ou razão nenhuma.

– Mas o que foi que ocorreu? Não podemos avaliar sem você nos dizer...

– Está bem... O que se passou é que eu estava dirigindo o meu automóvel aqui, nesta cidade mesmo, em um bairro distante e mais ou menos isolado. Eu estava ansioso e com pressa. Tinha compromissos urgentes para tratar. Em certo momento, tive de me deter em um sinal. Havia outro carro parado à minha frente. Não gostei de parar ali, não me parecia seguro e, além do mais, como já disse, eu tinha pressa. Quando o sinal abriu, e como o carro que estava adiante não se deslocou imediatamente, eu acionei fortemente a buzina do meu carro. Fui rude e indelicado, eu reconheço. Mas a reação do motorista do outro automóvel foi completamente absurda.

– O que foi que ele fez?

– Ele simplesmente abriu a porta do veículo, desceu do carro, veio até a minha direção, sacou uma arma e disparou um tiro no meu peito, acertando em cheio o coração. Antes de eu morrer, ainda pude perceber que ele retornou calmamente para o seu carro, entrou e foi embora, como se nada demais tivesse acontecido ali.

– E você? Você se lembra o que ocorreu com você depois disso?

CASOS DA 'EMERGÊNCIA' | 121

– Eu fiquei ali. De certa maneira, acho que eu ainda estou ali. Não consigo me distanciar daquele lugar, muito menos esquecer o que me aconteceu.

– Mas você precisa sair desse momento. O que aconteceu foi triste, mas já passou. Você deve seguir seu caminho, agora, continuar com a sua vida.

– Vida? Que vida? Minha vida acabou naquele momento.

– Não, não acabou. Tanto não acabou que nós estamos conversando agora. O que morreu foi só o seu corpo.

– O senhor não entende. Como eu posso aceitar uma coisa dessas? Como eu posso deixar algo assim de lado? Vida? Vida era o que eu tinha até então. Eu tinha uma família, uma esposa, filhos; eu tinha uma profissão, um emprego, um futuro. Aquele sujeito acabou com tudo isso em um instante. E por quê? Por nada, por uma bobagem, por um aborrecimento ínfimo, por um ato de impaciência. Eu nem sei quem ele era, não tenho ideia do que ele fazia, nunca o havia visto antes, não tinha nada a ver com ele e, ainda assim, ele tirou tudo de mim em um momento. Não, é impossível deixar passar algo assim. É absurdo demais, é uma injustiça imensa sem sentido algum.

– E se nós disséssemos que houve, sim, um sentido no que ocorreu?

– Eu não poderia concordar. Existe um limite lógico para as coisas, e essa daí está além de qualquer limite.

– Você gostaria de entender o que aconteceu?

– Como eu disse, não vejo como seja possível entender aquilo... Mas, se acaso existir uma explicação, eu gostaria de saber sim.

122 | CASOS NOTÁVEIS DE UM GRUPO MEDIÚNICO

– Então preste atenção no que irão te mostrar nesta tela que está à sua frente...

Passou-se, então, à utilização da técnica de regressão da memória do espírito desencarnado, com o objetivo de abrir-lhe o acesso aos registros gravados em seu inconsciente profundo, que lhe iriam possibilitar visualizar o contexto integral da situação em que se envolvera, e não apenas aquele momento específico, ao qual ele tanto e ainda se apegava.

O que se descortinou aos sentidos do espírito foi uma cena passada alguns séculos antes. Tratava-se de uma execução pública. Os condenados eram uma família, os pais e três filhos. Tinham sido, todos eles, sentenciados à morte pelo delito de roubo, não se sabendo se o haviam cometido por necessidade ou por simples ganância, circunstância que, de todo modo, era indiferente perante as inflexíveis e rigorosas leis daquela época e lugar.

O espírito comunicante era o carrasco, encarregado de proceder à execução. Tinha o dever de efetuá-la, mas o modo como o faria ficava a seu critério. A morte dos condenados poderia ser rápida ou lenta. Ele optou pela segunda alternativa: primeiro, decepou os braços e pernas de cada um deles, concluindo com a decapitação. Começou pelos filhos, após a mãe, deixando o chefe da família por último. De modo que, quanto a este, ao sofrimento de sua própria execução adicionou-se a dor ainda maior de ver toda a sua família ser lentamente mutilada. Na pessoa do chefe de família, o espírito comunicante conseguiu identificar o homem que o assassinara no episódio narrado. E esta constatação o deixou sinceramente chocado.

CASOS DA 'EMERGÊNCIA' | 123

– Não pode ser... Eu mutilei a família inteira dele?

– Foi isso o que você viu?

– Sim, mas... meu Deus!... Se isso for verdade, uma bala ainda foi pouco!

– Então, você compreende agora? Havia um sentido, não é?

– Sim, eu posso perceber isso agora... Que coisa! Jamais poderia imaginar...

– Entenda, também, que os fatos ocorridos no passado não justificam a atitude do nosso irmão, não o autorizavam a tirar a sua vida, como ele fez. Ele terá de responder por isso, como todos deveremos em algum momento responder pelas atitudes que tomamos com base em nosso livre-arbítrio. Mas, vendo e assimilando o quadro todo, você pode agora se libertar daquele momento e seguir o seu caminho, do mesmo modo que aquele nosso irmão irá seguir o dele.

– Sim, sim... Deixe ele seguir o caminho dele, que eu seguirei o meu!

Feito o esclarecimento, o espírito foi encaminhado.

Este caso, se bem que verificado em outro tipo de trabalho, guarda bastante semelhança com "O Carcereiro" (nº 60), daí se justificando sua inclusão no texto.

Embora as histórias sejam totalmente diferentes, a sua essência, ou a moral que delas se pode extrair, é fundamentalmente a mesma: cumprir o seu dever não significa uma carta branca para a indiferença, para a crueldade – ainda quando seja ela autorizada ou até mesmo estimulada pelos costumes da época – ou para a impiedade. Essas atitudes ou posturas de falta de caridade fatalmente registrarão um débito na dimensão espiritual, estabele-

124 | CASOS NOTÁVEIS DE UM GRUPO MEDIÚNICO

cendo conexões cármicas que serão completamente indiferentes àquilo que as leis dos homens permitiam ou toleravam. Ou seja, a "conta espiritual", mais cedo ou mais tarde, terá de ser saldada de alguma maneira.

Na situação descrita, o incidente banal que terminou em tragédia tinha suas raízes profundas fincadas naquela vida distante. O homem do carro da frente, diante da atitude arrogante do espírito comunicante, então encarnado, teve desencadeada uma resposta radical e violenta, que provavelmente não teria ocorrido se estivesse, ali, outra pessoa. Se quem houvesse feito a provocação fosse alguém indiferente desde uma perspectiva cármica, talvez ela houvesse sido simplesmente ignorada ou, então, a reação fosse moderada: uma altercação, uma troca de ofensas, um disparo para o alto ou para o chão ou mesmo no automóvel, sem chegar ao limite do homicídio que ocorreu. Porém, o inconsciente do motorista da frente, sem que ele mesmo soubesse ou pudesse entender a razão, clamava por vingança, que veio na forma de algo aparentemente sem sentido, mas possível de se compreender pela análise completa do relacionamento entre os dois irmãos ali envolvidos.

É importante registrar, como fez o dialogador, que a resposta dada para nada estava justificada pelo passado dos dois: existiam – sempre existem – outras maneiras de se saldar o débito e a opção pela forma violenta apenas fez com que o agressor criasse uma conta para si mesmo, que se foi somar a outras pendências que, com certeza, ele já possuía. Para o agressor, controlar-se frente ao seu desafeto de outras vidas teria sido uma vitória, um passo adiante no caminho da evolução que ele vo-

CASOS DA 'EMERGÊNCIA' | 125

luntariamente optou por ignorar. Das vias que naquele
momento perante ele se abriram, ele escolheu a pior.
Quanto ao espírito comunicante, cabe destacar a
rapidez com que ele assimilou a informação. Normalmente, quando visualizam o contexto integral do passado comum, os espíritos em um primeiro momento não
querem acreditar ou, quando não conseguem negar o
que fizeram, buscam justificativas para suas atitudes,
tentando descaracterizar o vínculo entre elas e o mal
que lhes haja sucedido em uma vida futura (como tentou fazer o carcereiro). Quando essa tentativa também
falha, insistem em saber de que forma quem lhes fez
mal na vida recente irá pagar o seu débito para com eles.
Aqui, não: o carrasco de então imediatamente percebeu
o que fizera, entendeu a reação do outro e nem fez questão de saber como seu agressor iria responder por ela.
Preocupou-se em rapidamente seguir o seu caminho,
como alguém que, imaginando-se credor, em um instante descobre que, na verdade, estava ou estaria, inclusive, 'no lucro'.

64. A MUCAMA

A mulher que ingressa na sala para tomar o passe
chama a atenção.
Ela é jovem, alta e bonita. Não aparenta ser alguém
que esteja com problemas suficientes em sua vida para
justificar um atendimento dentro do sempre complexo
e doloroso contexto que envolve o trabalho de emergência espiritual.

Após sua saída do ambiente, principiam as comunicações.

O médium percebe a aproximação de um espírito de mulher aparentando 60 anos de idade, cabelos crespos, mulata, pequena, um pouco encurvada, como quem passara a vida toda trabalhando duro e, agora, sentia o peso do tempo e do esforço sobre os seus ombros.

– Boa noite...

– Boa noite.

– Você veio aqui acompanhando a nossa irmã? – perguntou o esclarecedor.

– Sim – respondeu ela.

– Você é ou foi parente dela?

– Não, não tenho nem nunca tive nenhum laço de parentesco com ela.

– Mas vocês tiveram algum tipo de relação quando estiveram encarnadas não?

– Na verdade, não.

– Não? Vocês não eram amigas, trabalharam ou moraram juntas, ou algo assim?

– Amigas? De jeito algum. Nem eu nunca trabalhei com ela ou para ela, muito menos ela trabalhou para mim. E também nunca moramos juntas. Eu somente a vi algumas poucas vezes, mas nem chegamos a conversar.

– Então, qual a razão de você estar vinculada a ela, hoje?

– Eu não estou vinculada a ela. Eu somente a acompanho...

– Sim, mas por que motivo você faz isso?

– Para ver o que acontece na vida dela... Se ela consegue ser feliz, apesar de tudo...

– Tudo o quê? – questionou o dialogador.

CASOS DA 'EMERGÊNCIA' | 127

– De tudo o que ela fez, para mim e para outras pessoas também...

A essa resposta do espírito, o dialogador quis aprofundar a história:

– Bem, então algum tipo de vínculo entre vocês houve, não é?

– Não, eu já disse que não. Ela nunca nem me dirigiu a palavra. Ela não me fez nada diretamente. O problema dela foi com a minha dona...

– Sua dona? Você está querendo dizer que era uma escrava?

– Isso. Uma escrava da casa. Eu cuidava dos serviços domésticos, lavava, limpava, arrumava os quartos, orientava a criadagem, cuidava do jardim, dos meninos, enfim, fazia tudo o que era necessário para que a minha ama, quando estivesse em casa, pudesse ficar completamente tranquila e bem consigo mesma.

– E onde a nossa irmã entra nisso?

O espírito, depois de breve pausa, passa a contar os detalhes:

– Ela era amiga da minha dona. As duas eram da nobreza, gostavam das mesmas coisas, e sempre estiveram bastante próximas. Até acontecer aquilo...

– O que houve?

– Veja, essa daí [a encarnada de hoje] sempre foi muito bonita e sedutora. Mais ainda do que é agora. Os homens se desmanchavam perto dela. E com o marido da minha ama não foi diferente. Bastou surgir uma oportunidade para que os dois se envolvessem. No começo, não parecia que a coisa fosse séria, mas depois de algum tempo, ele abandonou a casa para ficar com ela.

128 | Casos Notáveis de um Grupo Mediúnico

Foi um escândalo. Minha senhora, além de traída, se sentiu totalmente desamparada e humilhada.

– E você? Como se sentiu com isso?

– Bem, eu não podia fazer nada, o assunto não era da minha conta... Mas a verdade é que a Condessa [sua dona], após esse fato, transformou-se em uma mulher dominada pela desilusão e pela raiva. Virou praticamente outra pessoa. E, claro, acabou sobrando bastante para mim.

– De que maneira?

– A Condessa havia prometido que, em um ou dois anos, iria me alforriar e me dar um sustento permanente, para que eu pudesse viver a minha velhice com tranquilidade e conforto. Após a separação, ela simplesmente apagou essa ideia. Dizia que precisava de todo o patrimônio que ainda lhe restava, que não podia abrir mão de nada, que estava comendo o pão que o diabo amassou e outras coisas assim. E, se ainda não fosse desgraça bastante, eu passei a trabalhar ainda mais do que trabalhava antes. Qualquer coisa que desse errado ou estivesse fora de lugar, o mundo caía, e a culpa era de quem tivesse o azar de estar perto dela, e quase sempre era eu.

– E essa situação durou muito tempo?

– Durou até eu morrer... Depois que eu vim para o lado de cá, tentei cuidar de mim, mas era complicado... Passou algum tempo, eu circulei muito e acabei encontrando essa daí... De modo que, agora, eu a acompanho.

– Mas veja, você não ganha nada com isso...

– Ganho, sim. Ganho a satisfação de ver uma pecadora pagando pelos seus atos. Não falam todos em Justiça Divina, "aqui se faz, aqui se paga" e tudo o mais?

CASOS DA 'EMERGÊNCIA' | 129

Pois então. Fico por perto para ver a justiça acontecer. Acho que eu mereço ao menos isso, depois de tudo o que passei.

– Você não precisa ficar em volta dela para entender a Justiça de Deus. Além do mais, você mesma disse que precisava cuidar de si. E ficar rodeando a nossa irmã não vai te ajudar nisso, não é verdade?

– Talvez, mas eu não vejo outra maneira de proceder ou coisa melhor para se fazer, agora.

– Olhe, vamos te apresentar uma proposta. Temos pessoas, aqui, que podem te ajudar a conhecer coisas novas, a melhorar o seu estado físico e menta. Enfim, podem te auxiliar a cuidar de você, como você queria. O que você acha?

– Parece bom. Onde elas estão?

– Ao seu lado. Você consegue percebê-las?

– Acho que sim...

– Pois bem, você pode acompanhá-las. Você verá que, em pouco tempo, estará melhor...

– Está bem... Eu vou, então...

Os médiuns, nessa ocasião, comunicaram histórias distintas, mas com o mesmo ponto central: a mulher que viera ao centro tinha, por costume, em suas vidas anteriores, seduzir pessoas compromissadas com outras. Fazia isso como uma demonstração ou um exercício de vaidade e de poder. Mas não via, ou preferia ignorar, as graves consequências de seus atos, que atingiam não somente as suas rivais diretas, mas igualmente aquelas pessoas que de alguma maneira gravitavam em torno delas. Quer dizer, os efeitos do mal que ela fazia se multiplicavam e se espalhavam, como se fosse uma

130 | Casos Notáveis de um Grupo Mediúnico

espécie de reação em cadeia, e cada pessoa afetada era um compromisso a mais que ela agregava à sua história.

No caso do espírito comunicante, os anos finais de sua encarnação sofreram uma drástica piora em vista da atitude irresponsável da encarnada de hoje e do marido de sua ex-dona. Ele não estava assumindo uma atitude agressiva. Mas havia, em volta da encarnada, outros espíritos a atormentá-la, desempenhando de modo perverso e violento aquilo que eles acreditavam ser seu legítimo direito de reparação ou de vingança. E era este processo que a ex-mucama agora se comprazia – mais por curiosidade do que propriamente por maldade – em acompanhar.

Quanto ao problema de que padecia a encarnada de hoje, é bastante provável – pelo contexto da situação e pela experiência de casos similares – que ela tivesse uma vida emocional instável, com decepções, desilusões e rompimentos frequentes, apesar de, ainda agora como antes, ser uma pessoa dotada de invejável beleza, para demonstrar que a causa de seu sofrimento não era de natureza exterior, mas decorrente da postura e do comportamento por ela assumido no transcorrer de suas seguidas existências.

65. O Escravo e o Fazendeiro

Mãe e filho ingressam na sala dos trabalhos para receber o passe.

Percebe-se que são pessoas humildes, especialmente a mãe. Ambos são negros.

Ao ter início o intercâmbio mediúnico, manifesta-se um espírito que fora escravo em uma de suas vidas pretéritas, transcorrida no Brasil, provavelmente no início do século XIX. Seu vínculo cármico tinha relação direta com o filho, o qual, segundo comentou, era dono de muitas fazendas, inclusive aquela em que o espírito trabalhava, chegando a possuir cerca de quinhentos escravos, distribuídos por suas diversas propriedades. O encarnado de hoje, portanto, era um homem branco, muito rico, senhor de escravos, caracterizando-se como um legítimo representante da elite da sociedade colonial. E o espírito, por sua vez, era um escravo, é dizer, desde a perspectiva daquele tempo e lugar, pouco mais que um objeto, uma mera coisa, que poderia ser descartada ao livre-arbítrio de seus respectivos senhores, que não raro eram pessoas cruéis ou insensíveis. E este senhor (o encarnado) era particularmente mais cruel que a média de seus pares.

O contexto inicialmente informado parece conduzir a uma conclusão facilmente intuitiva e, por isso mesmo, bastante lógica: o encarnado (senhor) teria castigado o espírito (escravo) e este, a partir de então, dele se tornara um renitente obsessor, em busca de vingança e reparação, delineando uma situação frequente em países com um passado forte e longamente vinculado à exploração forçada do trabalho humano, como é o caso do Brasil.

Neste caso, todavia, a coisa era bem diferente.

O escravo era uma pessoa de confiança do senhor. Exercia funções de comando, desempenhando tarefas análogas às de um verdadeiro capataz. Essa posição,

132 | Casos Notáveis de um Grupo Mediúnico

nada comum para um escravo, fora-lhe designada especialmente pelo seu senhor. E ele a cumpriu com eficiência extremada e firme lealdade: fez tudo quanto lhe foi ordenado, inclusive matar outros escravos sempre e quando tal se demonstrasse necessário ou conveniente.

Um exemplo mencionado pelo espírito: por causa das péssimas condições de trabalho e dos constantes maus tratos sofridos, os escravos adoeciam e morriam com frequência. A um escravo morto há que enterrá-lo. Quando isso se dava, o capataz (o espírito), por uma questão de economia e eficiência, determinava que se matassem os outros escravos que estivessem em condições similares, a fim de 'aproveitar' o serviço de sepultamento do primeiro.

Os dois, portanto, senhor e escravo, eram uma sorte de cúmplices em atividades e crueldades desse gênero. Mas eram ainda mais do que isso.

O senhor tinha uma grande e sincera afeição pelo escravo. Isto era muito estranho e estapafúrdio para todos. Aquele homem branco, rico, poderoso, cruel, cheio de preconceitos, ter proximidade ou intimidade com um escravo? Nem mesmo os outros escravos conseguiam compreender isso. E, ademais, o sentimento de afeto era claramente recíproco.

A explicação, como o exame do caso veio a elucidar, estava em um passado ainda mais distante. Ambos haviam sido irmãos em Roma, nos tempos do Império. Desde aquelas vidas longínquas, nutriam grande simpatia e afinidade. E se pode então perceber o que a espiritualidade tentou evidenciar, ao criar aquela situação

CASOS DA 'EMERGÊNCIA' | 133

inusitada para aquela sociedade e para aquela época: quis demonstrar que as relações entre as pessoas são muito mais profundas que as regras ou os costumes dos homens, da cor da pele ou das posições sociais. Tudo, naquela existência, indicava que os dois jamais poderiam ser próximos. Mas o vínculo que os unia era francamente irresistível, vencia e superava a tudo e a todos. Nada os haveria impedido de se aproximarem.

Claro, existiam também os temas de superação pessoal, contas antigas e dolorosas a acertar, sacrifícios pesados a fazer. Nessa dimensão, os dois falharam lamentavelmente, aí residindo a razão central de estarem, agora, em uma situação bastante complicada.

Por conta disso, o espírito acompanhava o encarnado não para atacá-lo, mas para buscar protegê-lo de seus muitos inimigos (vários dos quais, aliás, eram inimigos comuns). Como, porém, seus esforços, previsivelmente, não estavam logrando obter resultados satisfatórios, aceitou acompanhar a equipe espiritual da casa, para estudar outros caminhos e alternativas de recuperação e redenção para ele e para seu senhor e irmão de outrora.

66. A Camarilha

A narrativa a seguir abrange diversos dias em que uma família – um casal e seu filho de seis anos de idade – compareceu ao centro para exame de sua situação. O garoto era claramente hiperativo, levando os pais à exaustão física e emocional.

134 | Casos Notáveis de um Grupo Mediúnico

A Sondagem

Não é incomum que, em certos casos, por razões variadas, exista um número considerável de espíritos ou entidades conectadas a um mesmo e único encarnado.[12] Esses espíritos podem estar cada qual por sua própria conta ou podem representar um grupo organizado, com estrutura e hierarquia definida.

No caso em questão, a segunda situação foi a que se apresentou. Todos os médiuns presentes claramente a identificaram.

Quando esses grupos comparecem ao centro, normalmente já sabem ou pelo menos intuem que o trabalho ali desenvolvido irá, de alguma maneira, contrariar ou prejudicar seus interesses imediatos. Por isso, seu contato com a equipe de encarnados costuma seguir uma estratégia básica: inicialmente, enviam integrantes de um grau mais baixo ou intermediário, com a missão de sondar o método de trabalho e as características (notadamente as fraquezas) de cada qual dos integrantes da equipe. Seus líderes ou figuras principais mantêm, nesse momento, uma distância cautelosa, até para evitar que a coisa eventualmente ocorra ao revés, ou seja, que a sua ida ao centro acabe prematuramente expondo sua identidade e seus pontos vulneráveis (que todos nós – e, portanto, eles também – possuímos).

Um desses espíritos precursores, ao ser indagado sobre a razão de sua presença, respondeu que ali estava porque pertencia à "camarilha" do menino. Um ponto

---

[12] Veja-se, a propósito, o livro *Condomínio espiritual*, de Hermínio C. de Miranda (Ed. Lachâtre).

CASOS DA 'EMERGÊNCIA' | 135

interessante a registrar é que a palavra escolhida pelo espírito – camarilha – não agradou ao médium, que não estava seguro de seu significado. Outras expressões surgiram em sua mente: bando, grupo, quadrilha. Mas o espírito claramente queria dizer "camarilha" e assim foi feito. E, como mais tarde se iria comprovar, a expressão resumia com perfeição o contexto da situação que envolvia o menino e os espíritos que gravitavam junto a ele.

De fato: a circunstância inusitada, que a todos surpreendeu, foi a de que o comandante do grupo era o próprio menino encarnado. Durante a noite, quando o seu espírito se desprendia do corpo, ele transmitia suas ordens e orientações aos desencarnados. Segundo estes informaram, o garoto fora algo como um príncipe ou monarca cerca de 2.000 anos antes e os espíritos compunham sua corte de protegidos ou apaniguados: sua camarilha, portanto.

O DESAFIO

Passado o momento do contato inicial, confirmadas as intenções da equipe de encarnados do centro, identificados seus componentes, a fase seguinte costuma já envolver algum tipo de confronto direto, cujo objetivo será o de impedir ou enfraquecer a continuidade dos trabalhos. E foi o que ocorreu no segundo dia de trabalho.

Nesse caso, o grupo de desencarnados optou por tentar desmoralizar a qualidade da equipe de encarnados. Para tanto, sua estratégia foi a de lhes apresentar uma questão doutrinária que eles não conseguissem resolver, a fim de demonstrar que eles (os espíritos) teriam

136 | Casos Notáveis de um Grupo Mediúnico

mais conhecimento e conteúdo que os trabalhadores do centro. E essa demonstração não estava dirigida somente à equipe do centro: ela também se destinava aos integrantes de menor hierarquia da própria "camarilha", para que eles tivessem a segurança de que seus líderes, apesar da interferência do centro, estavam com a situação sob controle; em outras palavras, de que não havia risco ou perigo para os objetivos e interesses do grupo.

Consultando, depois, um dicionário, o médium encontrou as seguintes definições para essa expressão:

> 1. Grupo de pessoas que, convivendo com os príncipes ou soberanos, os querem influenciar ou os induzem a ser nocivos. 2. Conjunto de pessoas que exercem influência junto de qualquer potentado ou de pessoa com poder.[13]

Fixada essa premissa, o grupo selecionou um de seus melhores debatedores: um dos líderes da camarilha, bastante versado na arte da argumentação. Ele aguardou o momento certo para se manifestar: esperou que o médium que trabalhava como advogado estivesse disponível, pois era através dele que pretendia apresentar sua questão.

Essa escolha tinha uma razão de ser: como se explica na introdução do texto, o trabalho de doutrinação se desenvolve, fundamentalmente, mediante um espírito – que se comunica pelo médium – e um dialogador. Mas é

---

[13] Dicionário Priberam da Língua Portuguesa, 2008-2013. Disponível em: <http://www.priberam.pt/dlpo/camarilha>. Acesso em: 14 mar. 2014.

CASOS DA 'EMERGÊNCIA' | 137

preciso esclarecer que, ao mesmo tempo em que o espírito conversa com o dialogador, ele igualmente conversa ou se comunica 'internamente', ou seja, em pensamento, com o médium. Assim, a questão apresentada seria simultaneamente para dois trabalhadores – médium e dialogador. Desse modo, o espírito poderia demonstrar que, ele sozinho, daria conta de 'derruba' dois encarnados da equipe do centro, um dos quais tinha, como profissão, precisamente o debate e a contraposição de ideias.

E assim procedeu. A questão apresentada, em resumo, foi: vocês sabem que todos nós somos espíritos imortais, independentemente da idade que tenhamos quando encarnados. O garoto, portanto, é um espírito antigo, como vocês mesmos já constataram, e ele é o nosso líder. Aqui estamos primordialmente por desejo e influência dele. Ele não apenas quer, como inclusive determina a nossa presença contínua ao seu redor. Esta não é a decisão de uma criança, mas de um espírito maduro, que sabe muito bem o que está fazendo. Assim, ao interferirem na situação, buscando nos afastar de sua influência, vocês estão atacando diretamente o livre-arbítrio do espírito do garoto. Ele não quer estar aqui, seu plano de vida não é esse, e vocês o estão submetendo a algo que ele claramente não deseja. Tal proceder é contrário aos fundamentos da própria doutrina espírita, que vocês apregoam e dizem seguir e respeitar. Como vocês respondem a isso?

O médium e o dialogador não tinham uma resposta imediata para o suposto paradoxo apresentado. De modo que, em um primeiro momento, ao vencer a 'contenda intelectual', o espírito provava o seu ponto: a

138 | Casos Notáveis de um Grupo Mediúnico

equipe de encarnados não teria força ou qualidade suficiente para desarticular a "camarilha".

Porém, é certo que a equipe de encarnados nunca trabalha sozinha. Sempre está acompanhada da equipe espiritual do centro que é, em verdade, quem efetivamente organiza as coisas desde a sua perspectiva ou panorama geral.

A equipe espiritual já sabia da estratégia da camarilha. O modo como ela responderia estava na dependência de como se saíssem os integrantes encarnados. Percebendo que o médium e o doutrinador não estavam suficientemente preparados para a forma de confrontação escolhida – circunstância que bem demonstra a necessidade de estudo constante e aprimoramento moral permanente para todos quantos pretendam realizar este tipo de trabalho –, ela intuiu o diretor dos trabalhos a interferir diretamente na situação. E ele o fez de um modo singular: deixando de lado o aspecto racional ou puramente argumentativo eleito pelo espírito, ele pediu a Mãe Maria que iluminasse o espírito comunicante, de modo que pudesse sentir, ali, o seu amor e o seu carinho.

Essa abordagem teve, para o espírito comunicante, um efeito devastador: ficou claro que esse era, para ele, um ponto vulnerável, que por alguma razão o tocava e o emocionava muito fundo. Vendo-se incapaz de continuar, ele abandonou o ambiente, deixando perplexos os demais espíritos que o acompanhavam.

Quanto à indagação proposta: quem trazia o garoto ao centro eram os seus pais, previamente escolhidos ou aceitos por ele, quando optou por reencarnar. Os pais possuem a sagrada e grave missão de proteger e orientar

CASOS DA 'EMERGÊNCIA' | 139

os filhos. Logo, se eles o traziam, não se podia dizer, pelo contexto da situação, que havia uma violação ao livre-arbítrio do espírito da criança de agora. A contradição apontada pelo espírito, portanto, era apenas aparente, não existia, a rigor, um paradoxo real a superar.

Os Rivais

No terceiro dia dos trabalhos, houve outras manifestações de integrantes da camarilha, nas quais se percebia que já não estavam tão confiantes ou seguros de si quanto se encontravam no início do contato com o centro. Mas, além deles, outro grupo de espíritos igualmente se fez presente.

O seu representante, que se percebia culto e bem preparado, teve dificuldades para estabelecer a conexão mediúnica e principiar a comunicação. Segundo se pôde compreender após, isso se devia ao fato de há muito tempo ele e seus companheiros não conseguirem manter um intercâmbio mais frequente com os encarnados, pois a tanto eram impedidos pelos integrantes da camarilha que, segundo ele, consubstanciavam uma espécie de seita secreta muito bem articulada e fechada, que não compartilhava nada com ninguém. E, como agora, por conta dos trabalhos do centro, ela estava em posição vulnerável, eles avaliaram que seria esse um bom momento para partirem para o ataque contra os seus rivais. Porém, após o diálogo com o doutrinador, esse espírito logrou ser encaminhado, pois se percebia que já reunia condições ou esclarecimento suficiente para modificar o seu caminho.

140 | Casos Notáveis de um Grupo Mediúnico

A desarticulação

No quarto dia, a camarilha compareceu ao centro em sua composição completa. Estava claro que, diante do desdobramento desfavorável que a situação assumira, resolveram partir para o 'tudo ou nada', enviando, para o confronto, todos os seus integrantes; líderes, inclusive. O resultado, porém, foi completamente adverso: um dos líderes máximos, assim como já havia ocorrido no do segundo dia, recebeu um 'choque' de emoção tão intenso que seus efeitos atingiram o médium e o doutrinador, inclusive. Com isso, ele se convenceu de seu erro, sensação que igualmente se alastrou para outros espíritos de seu mesmo patamar hierárquico. E os integrantes de menor hierarquia, vendo seus líderes decididos a mudar de rumo, simplesmente 'desertaram' em massa. O grupo, enfim, foi completamente desarticulado.

Vale registrar, contudo, que nem todos os integrantes da camarilha foram convencidos. Um deles, que também desempenhava atribuições de liderança, afirmou com bastante convicção que a equipe do centro obtivera ali somente uma "vitória de Pirro",[14] pois, mais cedo ou mais tarde, a situação da família voltaria ao que era antes ou ficaria ainda pior. Na verdade, o que esse espírito estava a dizer é que, no caminho do progresso e da evolução, não há técnicas instantâneas ou fórmulas mágicas. Tudo irá depender de um trabalho constante, de uma disciplina persistente e, sobretudo, de uma consistente reforma íntima. Ou, em

---

[14] Expressão histórica que significa um êxito mais aparente do que real.

CASOS DA 'EMERGÊNCIA' | 141

resumo, e como igualmente prega a doutrina espírita, do "orai e vigiai".[15]

Para finalizar, cabe o registro de um fato algo pitoresco, mas que nem por isso deixa de transmitir uma lição importante.

No dia dos trabalhos, o caso do menino não era o único a ser atendido. Havia outras pessoas e situações, cujos espíritos correspondentes também se encontravam próximos ao ambiente, aguardando a sua oportunidade de falar.

Quando a camarilha chegou, os seus próceres se apresentaram do mesmo modo que costumam se apresentar autoridades importantes em eventos públicos: com muitos seguidores, alguns dos quais exerciam o papel de guarda-costas. Um deles, para abrir passagem para os seus líderes, afastou um espírito que estava esperando a sua vez, inclusive ironizando a sua situação, chamando-o de "obsessor-mirim". O espírito não gostou nada do deboche, sentiu-se muito ofendido e, quando pôde, depois, comunicar-se, fez questão de registrar uma reclamação – que queria que fosse encaminhada ao Diretor dos Trabalhos – contra "aquele grupo arrogante e espaçoso que, além de tudo, ainda se entendia no direito de fazer comicidade com outras pessoas que, assim como eles, ali também estavam a sofrer com os seus próprios problemas".

---

[15] Mateus, 26,41: "Vigiai e orai, para que não entreis em tentação; na verdade, o espírito está pronto, mas a carne é fraca".

IV. Um caso de Incêndio[16]

Na primeira década do séc. XXI, aconteceu uma tragédia em certa cidade do interior do Brasil, que chamaremos de Algum Lugar. Um incêndio, em local que reunia pessoas em festa, matou mais de duas centenas de pessoas e feriu outras tantas. A tragédia abalou o local e suas sequelas são duradouras.

Logo após o acidente, o GECC começou a receber alguns espíritos vítimas do incêndio e foram trocadas mensagens entre Lucas e um amigo espírita, Tiago, que mora próximo à cidade, sobre o ocorrido.

* * *

Mensagem de Lucas a Tiago (por e-mail)

xx de yyyyyy de 200-
Resgates coletivos sempre causam consternação, mas a Proteção Divina sempre está presente. Nossos sentimentos à população de Algum Lugar. Em nossos trabalhos de intercâmbio espiritual na Casa do Caminho (Campinas), já foram socorridos diversos irmãos

---
[16] Todas as referências feitas neste capítulo, como datas e nomes próprios, foram modificadas.

144 | CASOS NOTÁVEIS DE UM GRUPO MEDIÚNICO

desencarnados nesse incêndio em várias de nossas reuniões. Fraternais abraços a todos daí.

Lucas

* * *

Mensagem de Tiago a Lucas (por e-mail)

xx de yyyyy de 200-
Muito grato, Lucas, por tua lembrança e boas palavras!

Tantas jovens almas, tantos 'futuros' postergados, tantas lágrimas...

Eu sei que o mundo espiritual está sempre a postos e que faltam mãos para ajudar, tamanha é a tarefa do outro lado, nos recebendo, acidentados ou não, merecedores ou não, sempre auxiliando...

Também sei da tarefa dos grupos de trabalho em nossas casas espíritas, tão poucas para tarefa tão vasta...

Anexo uma lição que recebi hoje.

Muito grato pela solidariedade!

Um abraço.

* * *

Mensagem em anexo:

"Senhor Jesus,
"Auxilia-nos, perante os companheiros impelidos à desencarnação violenta, por força das provas redentoras.

Um Caso de Incêndio | 145

"Sabemos que nós mesmos, antes do berço terrestre, suplicamos das Leis Divinas as medidas que nos atendam às exigências do refazimento espiritual. Entretanto, Senhor, tão encharcados de lágrimas se nos revelam, por vezes, os caminhos do mundo, que nada mais conseguimos realizar, nesses instantes, senão pedir-te socorro para atravessá-los de ânimo firme.

"Resguarda em tua assistência compassiva todos os nossos irmãos surpreendidos pela morte, em plena floração de trabalho e de esperança e acende-lhes nos corações, aturdidos de espanto e retalhados de sofrimento, a luz divina da imortalidade oculta neles próprios, a fim de que a mente se lhes distancie do quadro de agonia ou desespero, transferindo-se para a visão da vida imperecível.

"Não ignoramos que colocas o lenitivo da misericórdia sobre todos os processos da justiça, mas tocados pela dor dos corações que ficam na Terra – tantos deles tateando a lousa ou investigando o silêncio, entre o pranto e o vazio – aqui estamos a rogar-te alívio e proteção para cada um!

"Dá-lhes a saber, em qualquer recanto de fé ou pensamento a que se acolham, que é preciso nos levantemos de nossas próprias inquietações e perplexidades, a cada dia, para continuar e recomeçar, sustentar e valorizar as lutas de nossa evolução e aperfeiçoamento, no uso da Vida Maior que a todos nos aguarda, nos planos da União Sem Adeus.

"E, enquanto o buril da provação esculpe na pedra de nossas dificuldades, conquanto as nossas lágrimas, novas formas de equilíbrio e rearmonização, embelezamento e progresso, engrandece em teu amor àqueles que entrelaçam providências no amparo aos companheiros ilhados na angústia. Agradecemos, ainda, a compreensão e a

146 | Casos Notáveis de um Grupo Mediúnico

bondade que nos concedes em todos os irmãos nossos que estendem os braços, cooperando na extinção das chamas da morte; que oferecem o próprio sangue aos que desfalecem de exaustão; que umedecem com o bálsamo de leite e da água pura os lábios e as gargantas ressequidas que emergem do tumulto de cinza e sombra; que socorrem os feridos e mutilados para que se restaurem; e os que pronunciam palavras de entendimento e paz, amor e esperança, extinguindo a violência no nascedouro!...

"Senhor Jesus!

"Confiamos em ti e, ao entregarmo-nos em Tuas mãos, ensina-nos a reconhecer que fazes o melhor ou permites se faça constantemente o melhor em nós e por nós, hoje e sempre.

"Emmanuel"[17]

* * *

Mensagem de Lucas a Tiago (por e-mail)

xx de yyyyyy de 200-

Nosso centro, o Grupo Espírita Casa do Caminho, nos últimos tempos, vem atuando como um 'pronto socorro espiritual', atendendo muitos irmãos desen-

---

[17] Mensagem psicografada por Chico Xavier eextraída do livro *Diálogo dos vivos*, alusiva ao incêndio do edifício Joelma, em 1º de fevereiro de 1974, na capital paulista. Segunda narra, assim que teve notícias pelo rádio do trágico incêndio do edifício paulistano, Chico Xavier se reuniu com três outros amigos e solicitaram auxílio dos benfeitores espirituais para as vítimas. Sempre atento, seu guia espiritual, Emmanuel, se apresentou para escrever esta tocante prece transcrita acima.

Um Caso de Incêndio | 147

carnados, inclusive de provações coletivas. Assim, já no dia após o incêndio, atendemos alguns irmãos. De lá para cá, nos diversos dias da semana, atendemos dezenas. Muitas vezes se queixavam do lamento dos familiares. Em certa segunda-feira, recebemos mais alguns e duas comunicações psicografadas. As comunicações orais falaram de "uma longa preparação para esse resgate coletivo", de "uma libertação" e pediram para não pensarem em vingança. As duas comunicações estão anexadas, tal como as recebi da médium. Não sei mais o que dizer.

Um abraço do amigo Lucas

* * *

Mensagem mediúnica (psicografia) recebida na segunda-feira, xx de yyyyy de 200-, no Grupo Espírita Casa do Caminho:

Queridos amigos

Gostaria de lhes contar que a luz aparece no lodo e, lá, ela atravessa e não se macula.

Assim são aqueles que buscam, através de suas orações, uma conduta diferenciada que nos leva a ter atitudes de irmão que merecem algumas palavras amigas.

Assim são muitos que buscam a Luz e precisam escolher o que querem.

A Luz sempre aparece e nos envolve!

Para isto, precisamos elevar nosso pensamento a Deus, temos que nos dirigir até ela para que façamos a diferença.

148 | CASOS NOTÁVEIS DE UM GRUPO MEDIÚNICO

Assim, sabemos que Nosso Pai não nos abandona, nós é que nos afastamos d'Ele.

Neste momento, tenhamos o pensamento no perdão, para conseguirmos nos libertar de nossos 'erros', dificuldades do passado... e já fazermos a mudança, com arrependimento sincero diante deste encantamento solidário.

Assim, irmãos, sejamos fortes e consigamos realizar essa mudança, que é dolorida, mas necessária.

Fiquem em paz e positivos para a libertação de nossas 'imperfeições'; e, novamente, ajudemos nossos irmãos para que o Nosso Pai possa nos libertar e nos perdoar, ajudando-nos a trilhar o caminho do bem.

Paz a todos.

Obrigado.

* * *

Mensagem mediúnica (psicografia) recebida na segunda-feira, xx de yyyyy de 200-, no Grupo Espírita Casa do Caminho:

Oração aos familiares de Algum Lugar

Estamos envoltos no manto do Mestre Jesus.

Sabemos que a luz nos rodeia e nosso tratamento está, agora, em processo de adaptação.

Queremos, se possível, o perdão... pois o perdão é a cura de todos os nossos males.

É que nós, outrora, éramos culpados e algozes.

Hoje, somos os libertos e amparados por muitos que aqui estão nesta seara espiritual de Jesus.

Um Caso de Incêndio | 149

Estávamos revendo parentes que já se foram e, inclusive, eles, alegres, participaram para que não desistíssemos de nossa escolha.

Que fique, então, aos nossos familiares, para que possam ter alegria, e o amor que sentem por nós seja levado àqueles que realmente precisam de um lar ou estão em asilos, até mesmo nos presídios...

E se faça a corrente do bem dos corações libertos pelas 'chamas divinas'... pois é este o nome adequado: 'chamas divinas'.

Que nossos familiares, carinhosos, que nos acolheram no mundo para a libertação dessa dificuldade, sejam capazes de perdoar... Perdoem, nossos familiares!

Muitos beijos no coração de nossos familiares e que o tempo os reconstrua...

Assinado: Seus queridos.

* * *

Mensagem de Tiago para Lucas (por e-mail):

xx de yyyyyy de 200-

Obrigado, Lucas, pelas mensagens consoladoras!

Infelizmente, o clima em Algum Lugar é de "punição aos culpados". Os familiares das vítimas do acidente exercem grande 'pressão' sobre as instâncias sociais. Não podemos condená-los, absolutamente, mas percebe-se que, em grande parte, estão na contramão da orientação expressa nas cartas. Com a tua permissão, vou repassar as mensagens, com muito cuidado,

150 | Casos Notáveis de um Grupo Mediúnico

para alguns irmãos espíritas que estão envolvidos na assistência às famílias enlutadas...
Um grande abraço!

* * *

Mensagem de Lucas a Tiago (por e-mail):

xx de yyyyy de 200-
Prezado:
Pensei que o atendimento fosse somente para os mais conformados, mas não! Agora, parece ter começado o mais difícil. No domingo, dia xx de yyyyy de 200-, duas entidades ligadas ao caso se manifestaram: um deles, um senhor mais idoso, que estava também no local, estava organizando a "tropa da vingança". Foram mostradas a ele algumas coisas e depois foi levado para as colônias espirituais. A outra entidade foi uma senhora encarnada, mãe de uma pessoa acidentada. Muito revoltada, no início demorou para se acalmar. Foram também mostradas a ela cenas do passado, e comentou: "quem devia ter morrido queimada era eu. Ela fez o que eu mandei!". Ela se desprendeu do corpo físico e foi trazida até ao GECC devido aos calmantes que tem tomado. Mostrou-se disposta a mudar de atitude e quer conhecer o espiritismo. Tomei a liberdade de dar o seu nome e ela disse que vai procurá-lo (ela não deu nome e nem eu perguntei). Na segunda, ontem, vieram mais dois, um como o primeiro acima e outro semelhante ao segundo, só que não era a mãe,

Um Caso de Incêndio | 151

mas trazia uma jovem queimada nos braços, segundo
disse ele. Por ora é só.

Um abraço do Lucas.

* * *

Mensagem de Lucas para Tiago (por e-mail):

xx de yyyyy de 200-
Prezado Tiago.
No dia xx de yyyyy de 200-, foi psicografada, no
GECC, a mensagem que segue anexa.
Um abraço do Lucas.

Mensagem em anexo:

Queridos irmãos.
Infelizmente, tem acontecido algo trágico entre os
familiares das vítimas do acidente.

Não se reúnem para pedir que a justiça se faça,
querendo que os culpados sejam punidos pelo ato que
fizeram. Fala-se que os responsáveis não tomaram as
medidas necessárias para a segurança, que se omiti-
ram, que compraram alvarás e tudo mais.

Porém, não procuram saber quem vendeu ou foi
subornado para dar as tais liberações.

O maior problema que estamos vendo é que a dor
e a cólera que invadiram as pessoas dessa cidade não
estão sendo trabalhadas por quem deveria, que são os
pastores, os padres etc.

152 | Casos Notáveis de um Grupo Mediúnico

A melhor coisa que poderiam pensar, e é uma coisa real, é que todos os envolvidos no acidente de uma maneira ou de outra, também perderam suas vidas, continuam encarnados, mas desejariam estar desencarnados.

Tudo acabou para eles.

Essa ferida pode fechar, porém, a cicatriz jamais sumirá, principalmente enquanto essas pessoas (familiares) não pararem de reviver o fato.

Que possam encontrar, nas palavras divinas, as respostas para seu infortúnio e, através deste fato, que foi necessário, crescerem e evoluírem.

Tudo só acontece com consentimento divino.

Abraços fraternos.

João Carlos de Jesus

* * *

Mensagem de Tiago para Lucas (por e-mail)

xx de yyyyyy de 200-

Obrigado, Lucas.

Abri uma pasta para as mensagens relativas a esse acidente.

Vou repassando para o pessoal espírita de meu conhecimento...

Um abraço!

* * *

Mensagem de Lucas para Tiago (por e-mail)

Um Caso de Incêndio | 153

xx de yyyyyy de 200-

Em nossa reunião de intercâmbio espiritual de segunda-feira, comunicou-se uma entidade que, em poucas palavras, agradeceu nossa ajuda e disse que a fase de "pronto socorro" já havia terminado. Pediu para consolar os familiares das vítimas e deu seu nome: Marina Gertrudes. Você foi procurado por alguém? Conhece alguma Marina Gertrudes vítima do incêndio? Um abração do Lucas.

* * *

Mensagem de Tiago a Lucas (e-mail)

xx de yyyyyy de 200-

Prezado Lucas

O tema 'acidente' é e está se tornando, cada vez mais, um assunto sobre o qual todos, em Algum Lugar, tomam muito cuidado ao abordar... As suscetibilidades estão à flor da pele... Muitas correntes de pensamento, muitos interesses em jogo... políticos, econômicos, sociais... difíceis de serem melhor definidos, dada a complexidade... Todo dia, temos alguma ocorrência – protestos, demonstrações, ações judiciais –, desdobramentos na sociedade... O pessoal não vai esquecer tão cedo e não vai deixar 'barato' a incúria das 'autoridades' responsáveis... E por aí vai.

154 | Casos Notáveis de um Grupo Mediúnico

A Prefeitura Municipal e o Corpo de Bombeiros estão na mira... Os 'pequenos' estão sendo processados e os parentes das vítimas estão furiosos, porque querem a cabeça dos poderosos, corruptos e corruptores... E contam com um apoio muito grande da sociedade... Difícil prever o que vai acontecer para o futuro...

Não, não conheço nenhuma Marina Gertrudes e tenho mantido certa distância de tudo porque, a bem da verdade, não sei bem como me comportar ou me manifestar... Faço algumas mentalizações a distância, apenas. Ademais, moro em um bairro a 10km d0 centro e raramente vou à cidade...

Agradeço-te a preocupação com o ocorrido: precisamos de toda ajuda no plano espiritual para amainar os ânimos e afastar os políticos e interesseiros que já estão tentando tirar proveito...

Um grande abraço,

Tiago

* * *

Mensagem de Lucas para Tiago (por e-mail)

xx de yyyyyy de 201-

Prezado Tiago:

Como tem passado? Tudo bem contigo?

Você se lembra das mensagens que trocamos por ocasião do acidente?

Estamos organizando, escrevendo um livro chamado *Casos notáveis de um grupo mediúnico*, em que relatamos alguns casos ocorridos durante nossos tra-

UM CASO DE INCÊNDIO | 155

balhos de intercâmbio espiritual, como este de Algum Lugar. Você autoriza a presença de seu nome como nas mensagens? Caso contrário, eu poderia usar um pseudônimo ou as iniciais? Se você não tem as mensagens completas, é só dizer que eu as mando.

Aguardo sua resposta
Um forte abraço do
Lucas

* * *

xx de yyyyy de 201-
Prezado Lucas:
Vou muito bem, sim, obrigado!
Espero que você também, igualmente.

Nesse caso, acho prudente usar um pseudônimo porque os ânimos ainda estão muito exaltados e a sensibilidade exacerbada. É compreensível, face à série de acontecimentos após a tragédia...

Vários grupos de familiares das vítimas se formaram e iniciaram diferentes tipos de iniciativas. Algumas proativas, outras nem tanto... O rancor, a raiva e o desespero são grandes, ainda.

Por isso, recomendo muita cautela ao abordarem o acontecimento como caso notável... Não saberia dizer ou recomendar nada mais a respeito, apenas me preocupo com a possível repercussão – poderá ser altamente positiva, mas também negativa...

Espero ter ajudado!

156 | Casos Notáveis de um Grupo Mediúnico

Desejo sucesso na empreitada e que tudo transcorra da melhor maneira!
Um grande abraço,
Tiago.

Observação:
Há, na literatura espírita, diversos textos que tratam de desenlaces coletivos. Dentre eles, destacamos "Tragédia no circo" (cap. 6), no livro *Cartas e crônicas* de Francisco C. Xavier e Irmão X (espírito), editado pela FEB.

Conheça a *Série Transe e Mediunidade*,

Transe e Mediunidade
Instruções espíritas para a prática da mediunidade

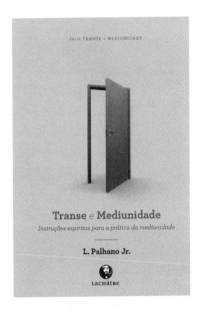

Um livro indispensável a todos os espíritas que desejam o autoaperfeiçoamento, através da prática da mediunidade. Elaborado a partir de uma série de cursos, teóricos e práticos, ministrados em várias cidades brasileiras, Transe e mediunidade fornece material para uma compreensão mais profunda das bases psíquicas da mediunidade, de seus mecanismos e de sua aplicabilidade, contribuindo dessa forma para o aprimoramento do médium e a sua autorrealização.

Passe

– Magnetismo Curador –

Esta obra é indicada para todo aquele que quiser estudar profundamente o assunto e melhorar significativamente o resultado da aplicação de passes. Este livro aborda também os temas correlatos e indispensáveis ao estudo do passe, como o perispírito, a aura, os centros de força e chacras, a sugestão hipinótica, a água fluidificada, o sopro, a irradiação mental e o olhar magnético.

OBSESSÃO

– Assédio por Espíritos –

De acordo com a doutrina espírita, chama-se obsessão ao "domínio que alguns espíritos logram conseguir sobre certas pessoas". Esse fenômeno, presenciado e solucionado com naturalidade por Jesus, sempre provocou o temor daqueles que o testemunhavam. O diálogo dos religiosos com esses espíritos infelizes foi cercado de fórmulas ritualísticas infantis que não alcançavam qualquer resultado.

Esta edição foi impressa, em dezembro de 2018, pela Assahi Gráfica e Editora Ltda., de São Bernardo do Campo, SP, sendo tiradas mil e quinhentas cópias em formato fechado 14,0 x 21,0 cm, em papel Off-set 75g/m² para o miolo e Cartão Supremo 300g/m² para a capa. O texto principal foi composto em Berkeley LT 13/15,6. A produção gráfica de capa e abertura dos capítulos é de Fernando Campos.